ごま油さえあれば

さっぱりもコク旨も
いつもの家ごはん98

沼津りえ

小学館

はじめに

ごま油は頼れる万能調味料。
油だけど、油じゃない。
あえて、〝調味料〟と、私は言いたい。
料理家として、そう思い続けながら今まで料理に携わってきましたが、「やっとごま油の魅力を伝えられる時が来た！」と、ワクワクしています。

きっとどこの家庭にも1本は常備されているごま油。
みなさんはどのように使っていますか？
炒め物に使ったり、中華ドレッシングにしたり…
でも、それだけじゃもったいない。

我が家の台所に「調味料が1本増えた」という感覚で、ぜひ使ってほしいのです。

本書は「漬ける」「和える」「活かす」という3つの章に分かれています。「漬ける」では、旬の野菜をごま油で漬けて、美味しさを長持ちさせる方法を紹介します。「和える」「活かす」では、普段の家ごはんの強い味方になるごま油レシピを揃えました。

シンプルな料理だからこそ、ごま油は組み合わせる食材によって、多彩な表情を引き出してくれます。
そんなごま油の魅力を伝えられたら本望です。

ごま油さえあれば、美味しくなる。
まずは、ごま油の力を信じて。

沼津りえ

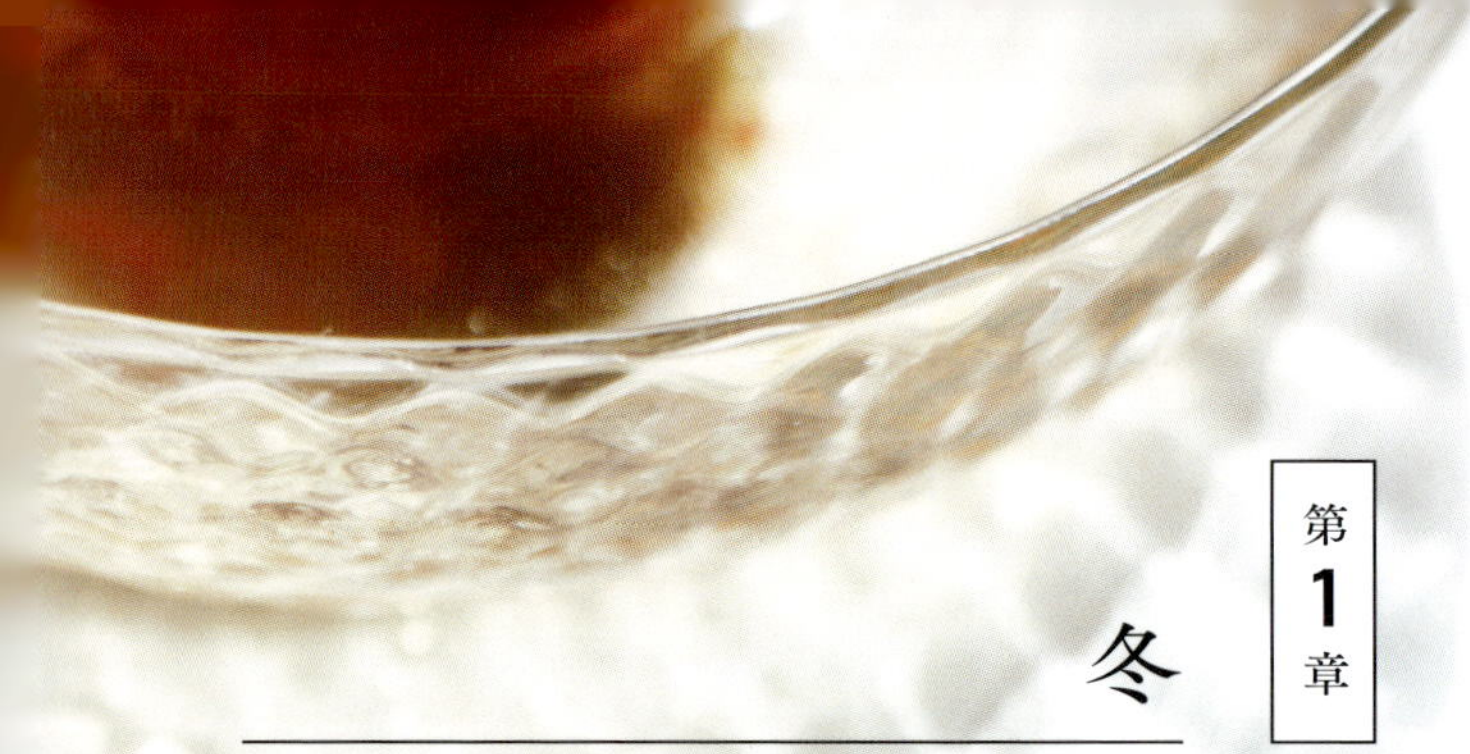

目次

第1章 漬ける

冬

春

夏

秋

第2章 和える

第3章 活かす

この本の使い方

- 本書のレシピでは、茶色の焙煎ごま油を使用しています。風味やコクを活かすために、焙煎ごま油を使用してください（ごま油の種類についてはP65を参照）。
- 小さじ1＝5mℓ、大さじ1＝15mℓです。「少々」は親指・人差し指でつまんだ分量、「少量」や「ひとつまみ」は親指・人差し指・中指の3本でつまんだ分量、「適量」はちょうどいい分量です。「適宜」は好みで入れてください。
- 野菜は、特に指定のない場合、洗う・皮をむくなどの作業を済ませてからの手順となります。
- フライパンは、基本的にはフッ素樹脂加工のものを使用しています。
- 電子レンジの加熱時間は600Wの場合の目安です。500Wの場合は時間を1.2倍にしてください。
- トースターの焼き時間は目安です。様子を見ながら加減してください。
- ガスコンロの火加減は、特に表記がない場合は中火で調理してください。
- 調味料は、特に記載のない場合、しょうゆは濃口しょうゆ、塩は粗塩、砂糖は上白糖、酢は米酢、こしょうは白こしょうを使用しています。指定がある場合でも、お手持ちの調味料で代用できます。
- 梅干しは塩分15%のものを使っています。異なる場合、塩加減を調整してください。
- 保存に向きそうなものは保存期間を表記しています。季節や状況によって日持ちは変わるので、目安としてください。また、保存する際は清潔な容器を使用してください。
- 掲載写真とレシピのできあがり量は、異なる場合があります。

RIE'S NOTE

ごま油ってこんなにすごい！

〝ごま油〟は、ごまの種子から得られる植物油。
でも、ただの油と、あなどるなかれ。
実はこんなにいいことがいっぱい！

抗酸化性の強い「ゴマリグナン」を含む

ごま油にはセサミン、セサモリン、セサミノールなどの成分で構成される「ゴマリグナン」という機能性成分が豊富に含まれています。このゴマリグナンは、強い抗酸化性を持っているため、老化予防やエイジングケアに役立つと考えられています。さらに、近年の研究では、動脈硬化など生活習慣病の予防や改善効果も期待されています。

悪玉コレステロールを抑える「オレイン酸」が豊富

ごま油の主成分は「リノール酸」と「オレイン酸」。この2つがバランスよく入っており、全体の8割以上を占めています。リノール酸は食べ物からしか摂取できない必須脂肪酸。一方のオレイン酸は不飽和脂肪酸の一種です。オリーブオイルの主成分でもあるオレイン酸は、悪玉コレステロールを抑える働きがあるといわれています。

香りやコクをプラスして減塩効果も!

茶色く色づいたごま油は、ごまを焙煎してから作るため、特有の香りやコクが際立ちます。その風味を活かして、料理の味付けとして、調味料のように使うのもおすすめ。香りやコクがプラスされるので、塩分を減らしても美味しく食べることができ、減塩効果が期待できます。とはいえ、やはり油は高カロリーなので、摂り過ぎには注意してください。

加熱しても劣化しにくく料理の幅が広がる

特に生のまま搾った白いごま油には、強力な抗酸化性を持つセサミノールが多く含まれています。そのため、加熱しても劣化が少ないので、健康的に美味しく食べられます。また、ごま油は冷蔵庫で冷やしても固まらないので、肉や野菜を漬けるのにも便利。硬くてパサつきやすいごぼうや肉なども、しっとりやわらかく仕上げてくれます。

ごま油を美味しく使うコツ

料理を始める前に、ごま油を
さらに上手に使うためのヒントを紹介。
ポイントを押さえておくだけで、
仕上がりにグンと差が出ます。

1 水気はしっかり拭いて味が薄まるのを防いで

ごま油で野菜を漬ける時は、水気を必ずしっかり拭いてください。本書のレシピに「水気を拭く」とある場合は、ペーパーなどを使って念入りに水気を拭いています。このひと手間で味が薄まりにくくなり、最後まで美味しく食べ切ることができます。

2 大きめに切ったり断面を増やしたり

ごま油の風味をたっぷり染み込ませるため、料理によっては断面をできるだけ増やす切り方にしています。なすやきゅうりなど水分の多い野菜は、塩味が入ると水が出てしぼみやすいので、大きめにカットして食べ応えを出しましょう。

3 ポリ袋でもんで 味をしっかりなじませる

食材と調味料をポリ袋に入れて漬けると、しっかり味をもみ込むことができるので、少ない調味料でも味が決まります。冷蔵庫に入れる際に、ポリ袋ならかさばらないのも嬉しいポイント。

4 ごま油のコーティングでシャキッと！

ナムルなど、野菜の水分を出したくない料理は、調味料で味付けする前に、ごま油でコーティングを。水気が出にくくなり、シャキッとした食感と旨味をキープしてくれます。

5 仕上げの〝追いごま油〟で香り＆コクがアップ！

ごま油は加熱すると香りが弱くなるので、もっとごま油を楽しみたい人は、料理の最後に追加で回しかけて。焙煎具合により味や香りが異なるので、色や風味の違うごま油を使い分けても。

第1章 漬ける

まずは、ごま油のピュアな美味しさを知ってほしいから、簡単に「漬ける」ことから始めてみましょう。ごま油は豊かなコクと濃厚な旨味、芳醇な香りがあって、〝調味料〟にもなる油。

　その特性を活かして、まずはごま油と塩だけでシンプルに。長ねぎ、白菜、ゴーヤーにパクチー、里芋やぎんなんまで、いろいろな野菜を漬けてみましたが、どれも美味しくなるから不思議！　ごま油で漬けるとしっとりやわらかく、ジューシーになって、食材の旨味を存分に引き出してくれるのです。

　そして漬けたら、ぜひアレンジも楽しんでみてください。食材の旨味を味わえるよう調味料は最小限に抑えているので、かけたり、和えたりしやすく、さまざまな料理に展開できます。

漬ける

冬

白菜、長ねぎ、大根、ブロッコリー、
冬の野菜たちは丸々太って立派ですね。
寒さで凍ることがないよう、
細胞の中に糖をたっぷりと蓄積するので、
その豊かな甘味は厳しい寒さの賜物。
一方で、冬野菜は大きくて
使い切るのが難しいことも。
そんな時こそ〝ごま油漬け〟の出番です。
新鮮なうちにザクザク切って漬け込んで、
丸ごと美味しく食べ切りましょう。

2

5

焦がし白菜のごま油漬け

ごま油でこんがり焼いた白菜は冬のごちそう。ごま油は惜しみなく使うのが美味しさの秘訣です。ナイフとフォークで切り分ければ、おもてなしにも使える立派な前菜に。オイルを絡めてバゲットにのせても。

保存期間
冷蔵で
3~4日

材料（作りやすい分量）

白菜…¼株（600g）
ごま油（焼く用）…大さじ2
塩…小さじ½
酢…大さじ1
しょうゆ…大さじ1
赤唐辛子（輪切り）…1本分
ごま油（漬ける用）…大さじ2

作り方

1 白菜は根元に包丁で切り込みを入れ、手で半分に裂き、水気をしっかり拭く。

2 フライパンにごま油を熱し、1の断面を下にして入れ、中火で焼く。焦げ目がついたら途中でひっくり返し、全面をこんがりと焼く。

3 全面に焦げ目がついたら塩を振り、酢、しょうゆ、赤唐辛子を加え、強火にして全体を絡める。ごま油（漬ける用）を加え、ひと煮立ちさせる。

4 粗熱が取れたら、汁ごと保存容器に入れ、冷蔵庫で30分以上置く。

5 器に盛り、切り分けて食べる。

［もっと美味しく］

白菜に焦げ目がついたら、さらに漬ける用のごま油で香りづけ。仕上げに使うと華やかに香りが立ちます。¼株を豪快に焼くので、白菜の大量消費にも一役。酢が入っているので、意外にもさっぱり食べられます。

「焦がし白菜のごま油漬け」をアレンジ

白菜とひき肉のチーズ蒸し

「焦がし白菜のごま油漬け」の酸味に、
とろけるチーズのコクがベストマッチ！
ひき肉と重ねれば、たちまちボリューム満点のおかずに早変わり。

材料（2人分）

焦がし白菜の
ごま油漬け
…½量(300g)
豚ひき肉…200g
塩…小さじ⅓
こしょう…少々
ピザ用チーズ…50g
[たれ]
ごま油…小さじ2
豆板醤…小さじ½

作り方

1 ボウルにひき肉を入れ、塩、こしょうを振って、よく混ぜる。

2 耐熱容器に5㎝幅に切った焦がし白菜のごま油漬け、薄く広げた1、チーズの順に重ねていく。これを2～3回繰り返す。

3 ふんわりとラップをし、電子レンジでひき肉に火が通るまで10分ほど加熱する。加熱時間は調整を。

4 器に盛り、[たれ] をつけて食べる。

白菜のごま油漬け

淡白な白菜だからこそ、ごま油本来の味をダイレクトに感じることができます。いろいろなごま油で、ぜひお試しあれ。

保存期間
冷蔵で
3~4日

材料（作りやすい分量）

白菜…３～４枚(200g)
塩…小さじ½
ごま油…大さじ１

2

作り方

1　白菜はざく切りにする。

2　ポリ袋に1、塩、ごま油を入れてよくもみ、全体をなじませる。空気を抜き、ポリ袋の口を結ぶ。

3　冷蔵庫で１時間以上置く。

[もっと美味しく]

白菜３～４枚で作れる分量なので、鍋の残りなど、白菜が余った時にさっと漬けられて便利。「長ねぎのごま油漬け」(P20-21)と同じくらい、冬に大活躍する常備菜です。

これをアレンジ

白菜オムレツ　いつもの卵焼きに加えて味変を

材料（2人分）

白菜のごま油漬け
　…50g(汁気を切る)
卵…２個　塩…少々
ごま油…小さじ½

作り方

1　ボウルに卵を溶き、白菜のごま油漬け、塩を混ぜる。

2　フライパンにごま油を熱し、1を流し入れる。中火でそのまま15秒ほど置いてから全体をひと混ぜして、フライパンの奥にヘラなどで卵を寄せ、形を整える。

長ねぎのごま油漬け

「ごま油漬け」を初めて作る人に、
まず最初に試してもらいたい
のがこちら。ザクザク刻んで、
ごま油と塩で漬けるだけ。
驚くほど簡単なのに、
箸が止まらない美味しさ！
調味料代わりにも使えて、
アレンジの幅は無限大です。

保存期間
冷蔵で
1週間

材料（作りやすい分量）

長ねぎ…1本
塩…小さじ½
ごま油…大さじ1

［もっと美味しく］

漬けた直後は長ねぎの辛味が立っていますが、時間が経つとしんなりしてまろやかな味わいに。お鍋の薬味に、冷奴に、焼いた肉や魚に…。一度使うと手放せなくなる便利な万能だれです。

作り方

1 長ねぎをみじん切りにする。

2 保存瓶に1を入れて、塩を振り、ごま油を回しかけ、全体を混ぜ合わせる。

3 冷蔵庫で30分以上置く。

これをアレンジ❶

ぶりのねぎ油蒸し

旬のぶりにはしょうがを利かせてさっぱりと

材料（2人分）

長ねぎのごま油漬け…大さじ3
ぶり…2切れ
塩…少量
しょうが（すりおろし）…小さじ1

作り方

1 ぶりに塩を振って5分ほど置く。水気が出たらしっかり拭く。

2 長ねぎのごま油漬けとしょうがを混ぜ合わせる。

3 耐熱皿に1を並べて入れ、2をかける。ふんわりとラップをして、電子レンジで火が通るまで2分30秒ほど加熱する。

これをアレンジ❷

かま玉うどんのねぎ油和え

熱々のうどんに絡めて油そば風に

材料（1人分）

長ねぎのごま油漬け…大さじ2
しょうゆ…小さじ2
きび砂糖…小さじ1
ごま油…小さじ1
うどん…1玉　温泉卵…1個

作り方

1 器に長ねぎのごま油漬け、しょうゆ、きび砂糖、ごま油を入れて、混ぜ合わせる。

2 1にゆでたてのうどんを入れて絡める。温泉卵をのせ、混ぜながら食べる。

ブロッコリーのごま油漬け

少し硬めにゆでて、手で細かく裂くのが美味しさの秘訣。ブロッコリーの〝ふさふさ〟にごま油が絡んでたまりません。箸休めにも、おつまみにもなる一品です。

保存期間
冷蔵で3日

材料（作りやすい分量）

ブロッコリー…½株　塩…小さじ¼
ごま油…小さじ2　七味唐辛子…適宜

作り方

1 ブロッコリーは小房に分け、塩適量(分量外)を加えた湯で2分ゆでる。ザルにあげ、粗熱が取れたら水気を拭き、手で細かく裂く。

2 ポリ袋に1、ごま油、塩を入れ、全体をなじませる。空気を抜き、ポリ袋の口を結ぶ。

3 冷蔵庫で30分以上置く。食べる時に、好みで七味唐辛子を振る。

［もっと美味しく］

ブロッコリーのゆで時間は、「熱湯で3分」が黄金タイムですが、ごま油漬けにする時は2分がベスト！コリコリ硬めの食感がクセになります。

ブロッコリーのオイスターごま油漬け

オイスターソースを加えて、さらにコク旨に！
凝縮された牡蠣の旨味とほどよい甘さに
芳醇なごま油がマッチして、新感覚の味を楽しめます。

保存期間
冷蔵で3日

材料（作りやすい分量）

ブロッコリー…½株
ごま油…大さじ1
オイスターソース…小さじ1

作り方

1 ブロッコリーは小房に分け、塩適量（分量外）を加えた湯で2分ゆでる。ザルにあげて粗熱を取り、水気を拭く。

2 ポリ袋に1、ごま油を入れ、なじませる。オイスターソースを加え、軽くもむ。空気を抜き、ポリ袋の口を結ぶ。

3 冷蔵庫で30分以上置く。

［もっと美味しく］

ごま油でコーティングしてからオイスターソースを加えると、味が薄まるのを防げます。コクがあり、お弁当のおかずにもぴったり。

白菜の一本漬け

冬の白菜は丸ごと買ったほうがお得だけど使い切れない…。そんな時こそ〝一本漬け〟の出番。しっかり塩もみしてから、ごま油と塩昆布でシンプルに漬け込みましょう。

保存期間
冷蔵で
3~4日

材料（作りやすい分量）

白菜…⅛株(300g)
塩…小さじ1
塩昆布…10g
ごま油…大さじ1

作り方

1 白菜に塩をまんべんなく振って、しっかりもみ込む。上から押さえるようにして白菜の繊維を壊し、水分が出たら軽く絞る。

2 保存容器に1を入れ、塩昆布を白菜の隙間にまぶし、ごま油を回しかける。白菜にラップをピタッとのせ、重石代わりにラップの上からギュッと手で数回強く押す。

3 途中で1～2回上下を返しながら、冷蔵庫で1時間以上置く。

[もっと美味しく]

白菜の繊維を壊して、水分を軽く出してから漬けると、早く漬かるうえ、塩昆布の旨味がじんわり染みて美味。手でギュッと押すと、重石いらずでよく漬かります。

ラーパーツァイ

〝ラーパーツァイ〟とは、中華風の白菜の甘酢漬けのこと。酸味、甘味、ごま油のコクの三位一体のバランスが絶妙で、さっぱりと仕上がります。

材料（作りやすい分量）

白菜…３～４枚(200g)
塩…小さじ１
赤唐辛子(輪切り)
　…１本分
砂糖…大さじ１
酢…大さじ１
ごま油…大さじ２

保存期間
冷蔵で
3~4日

作り方

1 白菜は葉と芯に切り分け、葉は２㎝幅のざく切り、芯は５㎝の長さにして、繊維に沿って棒状に切る。

2 ボウルに１を入れ、塩を振り、しっかりもんでから５～10分置いて水分を出す。

3 ポリ袋に赤唐辛子、砂糖、酢を入れ、甘酢を作る。

4 ２の水気をしっかり絞って、３に入れる。白菜の芯が硬いのでよくもみ、ごま油を加えて全体をなじませる。空気を抜き、ポリ袋の口を結ぶ。

5 冷蔵庫で30分以上置く。

これをアレンジ

白菜とサーモンのカルパッチョ

好みの刺身と合わせて中華風カルパッチョに

材料（２人分）

ラーパーツァイ…50g
サーモン(刺身用)…100g
塩…少量
ディルやパセリ…適量

作り方

1 ラーパーツァイはざく切りにする。

2 サーモンは、柵の場合は薄めのそぎ切りにする。

3 器に２を広げるようにして並べ、塩を振る。上から１を散らし、刻んだディルやパセリを散らす。

ブロッコリーの茎のザーサイ風

このためにブロッコリーを買いたくなるほど、〝まるでザーサイ〟で驚くはず。ごま油としょうゆだけなのに…！　華麗なる変身をお試しあれ。

保存期間
冷蔵で
3日

材料（作りやすい分量）

ブロッコリーの茎…１株分(100g)
ごま油…小さじ１
しょうゆ…小さじ１
ラー油…適宜

作り方

1. ブロッコリーの茎の外側の硬い部分を切り落とし、薄い輪切りにする。
2. 沸騰した湯に塩適量(分量外)を入れ、1を入れて30秒ほどさっとゆでる。ザルにあげて粗熱を取り、水気を拭く。
3. 保存容器に2、ごま油、しょうゆを入れて和える。
4. 冷蔵庫で１時間以上置く。食べる時に、好みでラー油をかける。

［もっと美味しく］

ブロッコリーの茎のコリコリした食感はザーサイと瓜ふたつ。ゆで時間は30秒を守って。にんにくを入れるとコクUP！　キンパの具やチョレギサラダに加えても。

これをアレンジ❶

もやしとツナのナムル

もやしと和えてボリューム感のある副菜に

材料（2人分）

ブロッコリーの茎のザーサイ風…½量
もやし…１袋(200g)　塩…小さじ⅓
ツナ缶…小１缶(70g)
ごま油…大さじ１

作り方

1. もやしは洗ってから耐熱容器に入れてふんわりとラップをかけ、電子レンジで３分加熱する。ザルにあげて水気を切り、粗熱が取れたら軽く絞る。
2. ボウルに１、ブロッコリーの茎のザーサイ風、油を切ったツナ缶、ごま油、塩を入れて混ぜ合わせる。

これをアレンジ❷

まぐろのユッケ　ごま油とまぐろのまろやかな共演

材料（1人分）

ブロッコリーの茎のザーサイ風…½量
まぐろ(刺身／薄切り)…５枚
しょうゆ…小さじ½
大葉…１枚
卵黄…１個
白いりごま…適量

作り方

1. まぐろは１～２cmの角切りにする。
2. ボウルに１、ブロッコリーの茎のザーサイ風を入れ、しょうゆを加えて混ぜ合わせる。
3. 大葉を添えて器に盛り、卵黄をのせ、白いりごまを振る。

［もっと美味しく］

いちょう切りならパリパリ、拍子木切りならポリポリ、切り方で食感が変わります。ゆず、しょうが、にんにく、ラー油、スパイスなどを加えて味の変化を楽しんでも。

大根のパリパリ漬け

パリパリッと歯応えがよく、ごま油のコクにピリッとした赤唐辛子がアクセント。甘酢に漬けるので、辛味が強めの大根の下部分を使うとバランスよく仕上がります。

保存期間
冷蔵で
3~4日

材料（作りやすい分量）

大根…⅓本(300g)
塩…小さじ1
しょうゆ…大さじ3
酢…大さじ2
砂糖…大さじ1
ごま油…大さじ1
赤唐辛子(輪切り)… 1本分

作り方

1 大根は皮をむき、5㎜幅のいちょう切りにする。好みで拍子木切りにしても。

2 ボウルに1を入れ、塩を振って混ぜ合わせ、水分が出るまで15〜30分置く。ザルにあげて水気を切り、さらに水気を拭く。

3 ポリ袋に2、しょうゆ、酢、砂糖、ごま油、赤唐辛子を入れ、全体をなじませる。空気を抜き、ポリ袋の口を結ぶ。

4 冷蔵庫で3時間以上置く。

ラーメン屋さん風 ピリ辛もやし

ごま油に豆板醤を利かせたら、
まさにラーメン屋さんに置いてある、
あの〝ピリ辛もやし〟ができました！
足の早いもやしですが、すぐに漬ければ
日持ちするので安心ですね。

保存期間
冷蔵で
3日

材料（作りやすい分量）

もやし…1袋(200g)
豆板醤…小さじ½
ごま油…大さじ1
しょうゆ…大さじ1
塩…小さじ¼

作り方

1 水を張ったボウルにもやしを入れ、ひげ根を取る。ザルにあげて、水気を切る。

2 耐熱容器に1を入れてラップをかけ、電子レンジで3分加熱する。ザルにあげて水気を切り、粗熱が取れたら軽く絞る。

3 ポリ袋に2、豆板醤、ごま油、しょうゆ、塩を入れ、全体をなじませる。空気を抜き、ポリ袋の口を結ぶ。

4 冷蔵庫で30分以上置く。

［もっと美味しく］

もやしは電子レンジで加熱するとシャキシャキに。水っぽくならないので味が薄まりません。ラーメンや冷やし中華のトッピングにも！

私とごま油

きっと日本中、いや世界中にいる
ごま油ラバーに届けたい！ 私のごま油愛。
まずは読んでくださっているあなたに…届け！

我が家では、何から何までごま油。劣化しにくい健康的な油なので、野菜炒めはもちろん、サラダから卵焼きまで、揚げもの以外はごま油を活用しています。オリーブオイルは料理を選びますが、ごま油は懐が深く、和洋中、何にでも合うから大好き。さらに、安定価格で少量でもコクや香りが出るのでコスパも抜群。本当に頼れる油です。

そして何より、パパッと味付けできるので、私の子育てを随分と助けてくれました。忙しくてだしをとる時間もない…そんな時は豚肉をごま油でさっと炒めて、冷蔵庫にある野菜を加えておみそ汁に。コクと旨味がアップするから満足感のあるおかず代わりになり、子どもたちはそれだけで「美味しい！」と笑顔を見せ、パクパク食べてくれました。ごま油をごはんに混ぜるだけの「炒めないチャーハン」（P88-89）も大活躍。成長して料理をするようになった娘たちには、「とりあえず、ごま油と塩で味付けすれば、何でも美味しくなるよ！」と伝えています。

難しくないんだよ、料理って！ ごま油を使って、あなたにも、あなたにも、あなたにも。気軽に料理を楽しんでもらえたらいいな。

ごはんできたよ～！

漬ける

IWAI'S SESAME OIL
純正黒胡麻油
PREMIUM PURE BLACK SESAME OIL
無量壽
MURYOJU

春

厳しい寒さを乗り越えて芽吹く春野菜は、
みなぎる生命力にあふれています。
その力強さは、鮮やかな色や特有の苦味からも
伝わってきますね。普段おなじみの野菜でも、
この季節は特別。ホクホクの新じゃが、
ふんわりやわらかなキャベツ、甘くて
シャキシャキの新玉ねぎなどには
この時季にしか出逢えません。
野趣あふれる味わいの春野菜には
柑橘の酸味やスパイスの風味がよく合います。
ひと口食べれば、シャキッと目覚め、
身体が春支度を始めるようです。

スナップエンドウとグレープフルーツのごま油漬け

ごま油と柑橘を合わせた新感覚の一皿。
果物の自然な甘味と酸味が、
こっくりしたごま油を意外なほど
さわやかにまとめてくれます。
スナップエンドウだけでなく、
春の彩り豊かな野趣あふれる野菜と
組み合わせたら、目にも鮮やかな
麗しいオードブルに。

保存期間
冷蔵で
2~3日

材料（作りやすい分量）

スナップエンドウ…20本
グレープフルーツ（ホワイト）… 1 個
ごま油…大さじ 2
塩…小さじ½

作り方

1 スナップエンドウは熱湯で 1 分ほどさっとゆでる。ザルにあげて粗熱を取り、水気を拭いて筋を取る。

2 グレープフルーツは薄皮をむいて、果肉を取り出す。

3 保存容器に 1 、ごま油を入れてなじませる。2、塩を加え、全体を和える。

4 冷蔵庫で30分以上置く。

［もっと美味しく］

スナップエンドウはゆでてから筋を取ると、サヤの中に水が入りにくくなります。今回はグレープフルーツを使いましたが、オレンジやいちごもおすすめ。カマンベールチーズやモッツァレラチーズ、グリーンピースなど春の豆類を加えても。

これをアレンジ

ゆでいかの和え物

さわやかなごま油漬けには、いかなどの魚介類がぴったり。
蒸し鶏や豚しゃぶにもよく合い、軽やかに白ワインを合わせたくなります。

材料（2人分）

スナップエンドウとグレープフルーツのごま油漬け…½量（150g）
やりいか…小 1 杯（70g）
粗挽き黒こしょう…適量

作り方

1 いかは内臓などを取り除き、胴は輪切り、足は半分に切る。

2 水500mℓ（分量外）に酒大さじ 1（分量外）を入れて沸騰させ、1 を入れて 1 分ゆでる。ザルにあげて水気を切り、粗熱が取れたら水気を拭く。

3 ボウルに2、スナップエンドウとグレープフルーツのごま油漬けを入れて和え、粗挽き黒こしょうを振る。

新玉ねぎのごま油酢漬け

新玉ねぎが美味しい季節に必ず作りたい常備菜。ごま油が玉ねぎの辛味を和らげ、甘さ控えめのピクルス感覚でさっぱり食べられます。薄切りにするとしんなり、くし形切りにするとシャキシャキに。好みの切り方で食感の違いも楽しんでみて。

保存期間
冷蔵で
5~6日

材料（作りやすい分量）

新玉ねぎ…大1個（250g）
ごま油…大さじ1
米酢…大さじ4
塩…小さじ½
きび砂糖…大さじ1

[もっと美味しく]

まろやかな米酢以外でも、酸味が好きなら穀物酢、甘めが好きならりんご酢など、好みの酢でアレンジを。

作り方

1. 新玉ねぎは薄切り、またはくし形切りにする。薄切りとくし形切りでは食感が異なるので、好みの切り方を選んで。
2. 保存瓶に1、ごま油、米酢、塩、きび砂糖を入れ、ひと混ぜして漬け込む。
3. 冷蔵庫で半日以上置く。

「新玉ねぎのごま油酢漬け」をアレンジ❶

新玉ねぎと蒸し鶏の和え物

酒蒸しした鶏ささみと和えるだけで、あっさりヘルシーな一皿に。シャキシャキしたくし形切りの玉ねぎを絡めたら、罪悪感なくいくらでも食べられてしまいます。鶏ささみだけでなく、好みの肉や野菜と一緒に甘酢炒めにしても。

材料（2人分）

新玉ねぎのごま油酢漬け（くし形切り）
…¼量（80g）
鶏ささみ…４本
酒…大さじ１
塩…小さじ¼
粗挽き黒こしょう…適量

作り方

1 鶏ささみは筋を取り、耐熱容器に入れ、酒と塩を絡める。平らに並べてラップをし、電子レンジで３～４分加熱する。粗熱が取れたら、食べやすい大きさにほぐし、そのまま蒸し汁に浸して冷ます。

2 ボウルに新玉ねぎのごま油酢漬け、1を入れて和える。好みで漬け汁や蒸し汁を加えると、よりしっとり仕上がる。

3 器に盛り、粗挽き黒こしょうをたっぷり振る。

「新玉ねぎのごま油酢漬け」をアレンジ❷

悪魔的ゆで卵漬け

ニラやにんにくなどの薬味と薄切り玉ねぎを、トロトロの半熟卵と漬け込めばヤミツキ必至！　ごはんにのせても、お酒のおつまみにしても間違いなし。

材料（6個分）

新玉ねぎのごま油酢漬け（薄切り）…¼量(80g)
卵…6個
にんにく…½片
しょうが…½片
ニラ…¼束
しょうゆ…大さじ3
きび砂糖…大さじ1
水…大さじ4

作り方

1 沸騰した湯に卵を入れ、優しく混ぜて6分半ゆでる。すぐに水で冷やし、粗熱が取れたら殻をむく。

2 にんにく、しょうが、ニラはみじん切りにする。

3 保存容器に新玉ねぎのごま油酢漬けとその漬け汁適量（分量外）を入れ、2、しょうゆ、きび砂糖、水を入れて混ぜ、1を入れて漬ける。

4 冷蔵庫で半日以上置く。

新じゃがいものごま油スパイス漬け

クミンとごま油が食欲を刺激する魅惑の味。懐の深いごま油は、異国情緒漂うスパイスさえ美味しくまとめてしまいます。ホクホクした新じゃがは、皮の風味まで味わいましょう。

保存期間
冷蔵で
4~5日

材料（作りやすい分量）

新じゃがいも…中6個(500g)
ごま油…大さじ3
クミンシード…小さじ½
カレー粉…小さじ1
ターメリック…小さじ½
塩…小さじ1

[もっと美味しく]

独自のブレンドを楽しめるのもスパイスの醍醐味。今回は使いやすい基本のスパイスを使用しましたが、コリアンダーやガラムマサラ、チリパウダーなど、好みのスパイスでアレンジを。

作り方

1 じゃがいもは皮ごとよく洗い、十字に切って4等分する。耐熱容器に平らに並べてふんわりとラップをし、電子レンジで7～8分加熱する。竹串を刺して中まで火が通ったら、ザルにあげて水気を切り、粗熱が取れたら水気を拭く。

2 フライパンにごま油、クミンシードを入れて中火で熱し、香りが立つまで1～2分加熱する。火を止めて、カレー粉、ターメリック、塩を入れて混ぜ合わせ、粗熱を取る。

3 ポリ袋に1、2を入れて全体をなじませる。空気を抜き、ポリ袋の口を結ぶ。

4 冷蔵庫で1時間以上置く。

「新じゃがいものごま油スパイス漬け」をアレンジ❶

新じゃがいものドライカレー

スパイシーに漬けた新じゃがから、
大地の恵みをたっぷりいただきます。
家庭にある調味料をどんどん加えるだけで、
深みのある本格的なカレーが簡単に。
付け合わせには「新玉ねぎのごま油酢漬け」(P36)がぴったり！

材料（2人分）

新じゃがいものごま油
　スパイス漬け…⅓量(160g)
玉ねぎ…½個
にんにく…½片
しょうが…½片
ごま油…小さじ1
合いびき肉…200g
塩…小さじ¼
こしょう…少々
カレー粉…大さじ2
トマトケチャップ…大さじ1
水…大さじ3
しょうゆ…小さじ1
ウスターソース…小さじ1
ごはん…2膳分
パクチー…適量

作り方

1 玉ねぎ、にんにく、しょうがはみじん切りにする。

2 フライパンにごま油を熱し、にんにく、しょうがを弱火で炒め、香りが立ったら玉ねぎを入れ、しんなりするまで中火で炒める。

3 ひき肉を入れ、塩、こしょうを振り、強火で焼きつけるようにして2〜3分しっかり炒める。

4 カレー粉、トマトケチャップを加えて1〜2分炒める。

5 水、新じゃがいものごま油スパイス漬けを加えて全体を炒め合わせ、しょうゆ、ウスターソースで味を調える。

6 器にごはん1膳分と5の半量を盛り、刻んだパクチーを散らす。同様にもう1皿盛りつける。

「新じゃがいものごま油スパイス漬け」をアレンジ❷

速攻ポテトサラダ

マヨネーズで和えるだけという潔さ。このシンプルさがたまらなく好き。
パンに挟んだり、チーズをのせて焼いたり、お弁当に忍ばせても。

材料（2人分）

新じゃがいもの
　ごま油スパイス漬け
　…⅓量(160g)
マヨネーズ…大さじ2

作り方

ボウルに新じゃがいものごま油スパイス漬けを入れ、マヨネーズを加えて軽く潰しながら混ぜる。

キャベツとツナのごま油漬け

ごま油とツナ缶、
2つのオイルで旨味の相乗効果が。
隠し味の酢でさっぱり。大きな
春キャベツもペロリと消費できます。

材料（作りやすい分量）

キャベツ…¼個（200g）
塩…小さじ1
ツナ缶…小1缶（70g）
ごま油…大さじ1
酢…小さじ1
砂糖…小さじ½

保存期間
冷蔵で
3~4日

作り方

1 キャベツは大きめのざく切りにする。芯は薄切りにしてから細かく切る。

2 ボウルに1を入れ、塩を振る。よくもんでしんなりしたら、上から数回押さえて2～3分置く。

3 2の水気をしっかり絞り、ポリ袋に入れる。ツナ缶を油ごと入れ、ごま油、酢、砂糖を加えて、全体をなじませる。空気を抜き、ポリ袋の口を結ぶ。

4 冷蔵庫で30分以上置く。

これをアレンジ

ハム&チーズのホットサンド

パンもごま油でトーストして香ばしく

材料（1人分）

キャベツとツナのごま油漬け
…50g（汁気を切る）
ごま油…小さじ1
食パン（8枚切り）…2枚
スライスチーズ…1枚
ロースハム…1枚

作り方

1 フライパンにごま油を熱し、食パン1枚を置き、スライスチーズ、キャベツとツナのごま油漬け、ロースハムの順にのせ、中弱火で焼く。

2 もう1枚の食パンを1の上にのせ、ヘラなどで焼きつけるように押さえながら、両面をこんがりと焼く。

自家製メンマ風

コクのある芳醇なごま油に包まれて、
春の風味が豊かに広がります。
市販品とはひと味違った、
手作りの美味しさをぜひ味わって。

保存期間
冷蔵で
3~4日

材料（作りやすい分量）

ゆでたけのこ…200g
きび砂糖…大さじ１
しょうゆ…大さじ２
塩…小さじ¼
ごま油…大さじ２
赤唐辛子（輪切り）
…１本分

作り方

1 ゆでたけのこは縦半分に切り、長さ５㎝、厚さ２～３㎜の薄切りにして、水気をしっかり拭く。

2 ポリ袋に１、きび砂糖、しょうゆ、塩、ごま油、赤唐辛子を入れ、全体を優しくなじませる。空気を抜き、ポリ袋の口を結ぶ。

3 冷蔵庫で１時間以上置く。

これをアレンジ

メンマとしらすの炊き込みごはん

しらすと一緒に炊き込んで春を味わう

材料（3～4人分）

自家製メンマ風…½量（100g）
米…２合
しょうゆ…大さじ２
みりん…大さじ２
しらす…大さじ４
細ねぎ…適量

作り方

1 自家製メンマ風はざく切りにする。

2 米を洗い、ザルにあげて水気を切る。

3 炊飯器に２、しょうゆ、みりんを入れて全体を混ぜ、通常の水加減（分量外）でセットする。１、しらすをのせて炊飯する。

4 全体を混ぜて器に盛り、小口切りにした細ねぎを散らす。

ごま油料理を美味しくする 調味料

私の料理はシンプルだからこそ、調味料選びには手を抜きません。選ぶポイントは、何といっても素材にこだわっているかどうか。余分なものを使わず、丁寧に仕込んでいる調味料は格別です。お気に入りの調味料があると、料理が一層楽しくなりますよ。

優しい甘さの奄美諸島産さとうきびを100%使用

自然な甘さとコクのあるきび砂糖が好きで、いろいろな料理に使っています。この「素焚糖《すだきとう》」は奄美諸島産さとうきび100%で優しい甘さ。さっと溶け、どんな素材も引き立ててくれます。

素焚糖 600g／大東製糖

雪のように溶ける天然の粗塩

“ごま油漬け”に欠かせない塩は粗塩がおすすめ。粗塩とは、海水を濃縮して作る精製されていない天然塩のこと。最近は『嵯峨野匠庵』の「あら塩」がお気に入り。雪のようにスッと溶けて使いやすく、コスパも抜群。

あら塩 750g／嵯峨野匠庵

酸味がマイルドな米酢を使い分け

お酢は基本的にマイルドな酸味の米酢を使用。米酢は国産の米のみで仕込まれたものを選んでいます。濃厚にしたい時は京都の「純米富士酢」、さっぱりしたい時は『ミツカン』の「純米酢金封」を、使い分けています。

右）純米富士酢 500mℓ／飯尾醸造
左）純米酢金封 500mℓ／ミツカン

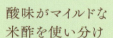

やっぱり『李錦記《りきんき》』！牡蠣の旨味が濃厚

オイスターソースは旨味と甘味のバランスがよく、濃厚なコクのあるものを。中華調味料の定番『李錦記』のオイスターソースは、牡蠣の旨味がたっぷり。少量でも深みのある味に決まるので手放せません。ごま油と使えばヤミツキに！

特製オイスターソース 255g／李錦記（エスビー食品）

素材の旨味を味わう上品な国産無添加みそ

普段の調理用には国産の大豆、米、塩だけで仕込んだ無添加の『ひかり味噌』の「マル無 国産」を愛用中。大豆や麹の旨味が調和した上品な味わいで、みそ本来の美味しさを堪能できます。

マル無 国産 750g／ひかり味噌

まろやかな甘味と旨味の本みりんを愛用

最近はみりん風調味料などもありますが、私は本みりん一筋。この本みりんは国産もち米100%なので、まろやかな甘味や旨味が際立ちます。本みりんはアルコールを含んでいるので、加熱するのを忘れずに。

日の出 純国産純米本みりん 500mℓ／キング醸造

自家製梅干しで塩味&酸味を

毎年漬ける自家製梅干しは塩分15%と通常よりしょっぱめ。甘すぎないので、調味料代わりに使えて重宝しています。

愛媛の醤油蔵の濃口しょうゆを指名買い

“しょうゆマニア”なのでいろいろ試していて、材料が国産の大豆、小麦、食塩のみのものを選んでいます。その中で辿り着いたのが愛媛県の『梶田商店』。深いコクと旨味があり、伸びがよく、どんな料理の味も引き上げてくれる万能しょうゆです。

巽 天然丸大豆醤油 濃口 720mℓ／梶田商店

漬ける夏

夏の日差しを燦々と浴びて、
スクスク育った夏野菜は元気いっぱい。
トマト、なす、ピーマン、きゅうりは、
食欲をそそるごま油との相性も抜群です。
さらに強い味方は、にんにくやしょうが
などの香味野菜。パンチを利かせて
スタミナ満点に仕上げれば、夏バテ知らず。
ピリリと辛味を利かせるのもいいですね。
夏野菜は水分をたっぷり含んでいるので、
塩もみをして余分な水気を出すひと手間を。
味が薄まることなく、美味に仕上がります。

フルーツトマトの冷やしおでん

夏の日差しをたっぷり浴びたトマトの
美味しさをごま油が
まろやかに引き出します。
ぜひキンキンに冷やして、
清涼感までごちそうに。
しつこさが全然ないので、
スープまで飲み干したくなる
清々しさです。

[もっと美味しく]

トマトを漬けた汁は、ごま油とかつおだしの相乗効果で極上のスープに。ごはんにかけてサラサラとお茶漬けにするなど、漬け汁も余すところなく味わって。

保存期間
冷蔵で
3~4日

材料（作りやすい分量）

フルーツトマト
…6個
だし（かつおだし）
…300mℓ
ごま油…大さじ2
きび砂糖…小さじ1
しょうゆ…小さじ2
塩…小さじ½

作り方

1 トマトはヘタを取り、ヘタの反対側の部分に十字に浅く切り込みを入れる。湯を沸かし、トマトを10秒ほどぐぐらせ、氷水に取って切れ目から皮をむく。

2 保存容器にだし、ごま油、きび砂糖、しょうゆ、塩を入れて混ぜ合わせ、1を入れて漬け込む。

3 冷蔵庫で半日以上置く。

これをアレンジ

トマトのごま油そうめん

トマトを崩しながら麺に絡めて食べると絶品。トマトの漬け汁をスープに加えて、さらに〝追いごま油〟もたっぷりと。

材料（1人分）

フルーツトマトの
冷やしおでん…1個
そうめん…1人分
おでんの漬け汁…100mℓ
しょうゆ…小さじ1
オクラ（ゆでる）…1本
ごま油…適宜

作り方

1 そうめんは表示時間通りゆで、ザルにあげて水で洗い、水気を切る。

2 器におでんの漬け汁としょうゆを入れて混ぜる。1を入れ、フルーツトマトの冷やしおでん、縦半分に切ったオクラをのせ、好みでごま油を回しかける。

ゴーヤーのごま油漬け

ごま油をまとったつややかなゴーヤーは弾けるみずみずしさ！　ごま油で漬けると苦味が和らぎ、生でも美味しく食べられるので、夏の定番メニューになりました。

保存期間
冷蔵で
4~5日

材料（作りやすい分量）

ゴーヤー…大1本(300g)
塩…小さじ½
ごま油…大さじ1
だし昆布…3㎝

作り方

1　ゴーヤーは両端を切り落とし、縦半分に切る。スプーンで種とワタを取り除き、5㎝の長さに切ってから、1㎝幅の棒状に切る。

2　ポリ袋に1、塩、ごま油を入れる。だし昆布をハサミで細く切って入れ、全体がなじむようよくもむ。空気を抜き、ポリ袋の口を結ぶ。

3　冷蔵庫で半日以上置く。

[もっと美味しく]

苦味が気になる人は薄切りにして、砂糖や酢を少量加えて。浅漬けは苦味が強めでシャキシャキですが、漬けるほどしんなりして、まろやかになります。

これをアレンジ❶

ゴーヤーのいかそうめん

和えるだけで涼やかな夏の小鉢に

材料（2人分）

ゴーヤーのごま油漬け…1/3量（100g）
いか（刺身／細切り）…50g

作り方

ゴーヤーのごま油漬けと細切りのいかを和える。

これをアレンジ❷

豚肉のゴーヤーチャンプルー

ごま油のなじんだゴーヤーで時短に！

材料（2人分）

ゴーヤーのごま油漬け
…1/2量（150g／水気を切る）
豚バラ肉…80g
ごま油…小さじ1
こしょう…少々
卵…1個
しょうゆ…小さじ1
削り節…適量

作り方

1 豚肉は食べやすい大きさに切る。

2 熱したフライパンにごま油をひき、1を入れて中火でよく炒め、こしょうを振る。

3 溶き卵を入れて、さっと混ぜながら炒める。ゴーヤーのごま油漬けを入れて炒め合わせ、鍋肌からしょうゆを回しかける。

4 器に盛り、削り節をかける。

なすのごま油漬け

ひと口噛めばジュワッとジューシー！
ごま油をたっぷり吸い込んだ
みずみずしい夏のなすを楽しめます。
炒めずに塩もみして、手軽に漬けました。

保存期間
冷蔵で
3~4日

材料（作りやすい分量）

なす…2本
塩…小さじ1
ごま油…大さじ1
しょうゆ…小さじ½
だし昆布…3㎝
糸唐辛子…適宜

作り方

1 なすはヘタを落とし、大きめの乱切りにする。

2 ボウルに1を入れ、塩を振ってもむ。5分ほど置き、水気を絞る。

3 ポリ袋に2、ごま油、しょうゆ、ハサミで細く切っただし昆布を入れ、全体をなじませる。空気を抜き、ポリ袋の口を結ぶ。

4 冷蔵庫で1時間以上置く。食べる時に、好みで糸唐辛子をのせる。

これをアレンジ

なすのひき肉あんかけ あんかけでごはんが進むおかずに

材料（2人分）

なすのごま油漬け…½量（100g）
ごま油…小さじ½
豚ひき肉…100g
塩…少々　こしょう…少々
オイスターソース…小さじ1
水…100㎖
片栗粉…小さじ1

作り方

1 フライパンにごま油を熱し、ひき肉を中火で炒める。塩、こしょうを振り、オイスターソースを加えて炒め合わせる。

2 水に片栗粉を溶いて1に回し入れ、とろみがついたら火を止める。

3 温めたなすのごま油漬けを器に盛り、2をかける。

なすのコチュジャン漬け

韓国発祥の甘辛いみそ〝コチュジャン〟を
ごま油と掛け合わせたら、
コクと旨味があふれる濃厚な一皿に。
ピリ辛のなすは、
ごはんにもおつまみにも最高！

保存期間
冷蔵で
3~4日

材料（作りやすい分量）

なす…２本
塩…小さじ½
コチュジャン…大さじ½
ごま油…大さじ１
しょうゆ…小さじ１

作り方

1 なすはヘタを落とし、大きめの乱切りにする。

2 ボウルに1を入れ、塩を振ってもむ。5分ほど置き、水気を絞る。

3 ポリ袋に2、コチュジャン、ごま油、しょうゆを入れ、全体をなじませる。空気を抜き、ポリ袋の口を結ぶ。

4 冷蔵庫で30分以上置く。

［もっと美味しく］

甘辛いコチュジャンを使うと味がラクに決まるので便利。子どもが食べる場合は、コチュジャンをみそに替えればOK。

きゅうりのみそごま油漬け

ごま油とみその組み合わせは、まろやかな奥深い味わいでホッとします。すりごまを加えて、さらに香ばしさをプラス。きゅうりにしっとりとよく絡みます。

材料（作りやすい分量）

きゅうり…２本
塩…小さじ¼
みそ…大さじ１
白すりごま
　…大さじ２
ごま油…大さじ½

保存期間
冷蔵で
2~3日

作り方

1　きゅうりは半分の長さに切ってから縦半分に切り、５㎜幅の斜め薄切りにする。

2　ザルに１を入れて塩を振る。５分ほど置き、軽く水気を拭く。

3　ポリ袋に２、みそ、白すりごま、ごま油を入れ、全体をなじませる。空気を抜き、ポリ袋の口を結ぶ。

4　冷蔵庫で30分以上置く。

これをアレンジ

スピード冷や汁　キンキンに冷やしてサラサラいける

材料（2人分）

きゅうりのみそごま油漬け
　…½量(100g)
削り節…３g
みそ…小さじ２
水…300㎖
冷たいごはん…２膳分

作り方

1　ボウルにきゅうりのみそごま油漬け、削り節、みそ、水を混ぜ合わせ、冷蔵庫で冷やす。

2　器に冷たいごはんを１膳ずつ盛り、１を半量ずつかける。好みでみょうがや大葉、梅干しを加えると、さらに香り豊かな味わいに。

きゅうりのピリ辛ガーリック

ごま油×にんにくの最強コンビ。ポリポリ止まらない無限きゅうりは、夏の盛りに、ビールやハイボールのお供にどうぞ。

保存期間
冷蔵で
3~4日

材料（作りやすい分量）

きゅうり…２本
塩…小さじ½
にんにく…½片
しょうゆ…大さじ１
ごま油…大さじ１
赤唐辛子（輪切り）…½本分

作り方

1 きゅうりは４等分に切ってから、それぞれ六つ割りにする。

2 ザルに１を入れて塩を振り、５分ほど置いて水気を拭く。

3 にんにくは芯を取り、粗めのみじん切りにする。

4 ポリ袋に２、しょうゆ、ごま油、赤唐辛子、３を入れ、全体をなじませる。空気を抜き、ポリ袋の口を結ぶ。

5 冷蔵庫で30分以上置く。

ピーマンの食べるラー油

旨味と辛味の無限ループで、一度食べたら虜になること間違いなしの禁断の味！ピーマンのほのかな苦味が新鮮で、夏野菜の旨味をたっぷり味わえます。夏バテ気味の時にパワーをくれる我が家の頼れる常備菜です。

保存期間
冷蔵で2週間

材料（作りやすい分量）

ピーマン…3個
しょうが…1片
にんにく…2片
ごま油…50mℓ
米油…50mℓ
韓国産唐辛子（粉末）…大さじ2
フライドオニオン…大さじ3
しょうゆ…小さじ2
コチュジャン…小さじ2
砂糖…小さじ1

作り方

1 ピーマンは縦半分に切って種を取り、粗めのみじん切りにする。

2 しょうがは細かいみじん切りにする。にんにくは芯を取り、粗めのみじん切りにする。

3 フライパンに2を入れ、ごま油と米油を入れる。弱火にかけ、しょうがとにんにくの香りをじっくりと油に移す。

4 油がふつふつしてにんにくが色づいてきたら、1を入れる。油が再び沸騰したら、韓国産唐辛子を入れ、1分ほど煮る。

5 一度火を止め、フライドオニオン、しょうゆ、コチュジャン、砂糖を入れる。全体がなじんだら弱火にかけ、ひと煮立ちさせる。

6 粗熱が取れたら保存容器に入れ、冷蔵庫で30分以上置く。

[もっと美味しく]

ごま油と米油は半量ずつ使用することで、味のバランスがちょうどよくなります。韓国産唐辛子は一味唐辛子で代用できますが、同じ分量を入れると辛すぎるので控えめにして。

これをアレンジ

ピーマンラー油のクリームチーズ和え

チーズと混ぜて大人のおつまみに

材料（作りやすい分量）

ピーマンの食べるラー油
…大さじ1〜2
クリームチーズ…50g

作り方

1 なめらかにしたクリームチーズにピーマンの食べるラー油を混ぜ合わせる。

2 野菜につけたり、パンに塗ったり、クラッカーにのせたりして食べる。

丸ごと焼きピーマンのかつおしょうゆ漬け

夏の元気なピーマンは肉厚で、種まで甘くて美味しいから、しょうゆと削り節でジュワッと丸ごと漬け込みました。ごま油は焼く時に使って、コクを添える隠し味に。

保存期間
冷蔵で
4~5日

材料（作りやすい分量）

ピーマン…４～５個
削り節…2.5～３g
ごま油…大さじ１
しょうゆ…大さじ１

作り方

1 ピーマンは縦半分に切る。ヘタや種、ワタは取らずに丸ごと使う。

2 フライパンにごま油を中火で熱し、断面を下にして1を焼く。２～３分焼いたら返し、両面に焼き色をつけて取り出す。

3 ポリ袋に削り節、しょうゆ、2を入れ、熱いうちに全体をなじませる。粗熱が取れたら空気を抜き、ポリ袋の口を結ぶ。

4 冷蔵庫で30分以上置く。

［もっと美味しく］

ピーマンの種の美味しさを新発見！　プチプチした食感もいいアクセントに。漬け汁に酢やごま、辛味を足してもいいですね。

大葉のごま油漬け

大葉をごま油と塩で漬けるだけで万能調味料が完成！
こっくりしたごま油に大葉の風味がじんわり溶け込んで、夏らしいさわやかな味わいです。

材料（作りやすい分量）

大葉…10枚
ごま油…大さじ5
塩…小さじ½
白いりごま…小さじ1

作り方

1 大葉は茎を切り落とし、縦に半分に切って重ね、端から細かい千切りにする。

2 保存瓶に1、ごま油、塩、白いりごまを入れ、全体をなじませる。

3 冷蔵庫で30分以上置く。

これをアレンジ

大葉とたらこの和風パスタ しらすやバターを加えても

材料（2人分）

大葉のごま油漬け…大さじ2
スパゲッティー…200g
たらこ…小1腹(50g)
しょうゆ…小さじ½
ごま油…小さじ1

作り方

1 スパゲッティーは表示時間通りゆでる。

2 たらこは薄皮を取ってほぐす。

3 ボウルに大葉のごま油漬け、2、しょうゆ、ごま油を入れて混ぜ合わせる。

4 ゆであがった1を3に入れて混ぜる。味が濃い場合は、スパゲッティーのゆで汁適量(分量外)を加えて調整を。

パクチーのごま油漬け

パクチー特有の香りが
溶け込んだごま油漬けは、
リピーターが続出！
ヤミツキ必至の
革命的な味わいです。
保存期間が長いので、
パクチーの
大量消費にもぴったり。

保存期間
冷蔵で
1週間

材料（作りやすい分量）

パクチー…１束(100g)
塩…小さじ½
ごま油…大さじ４
ナンプラー…小さじ½

作り方

1 パクチーは根を切り落とし、茎は細かく、葉はざく切りにする。

2 保存容器に1、塩、ごま油、ナンプラーを入れる。全体がなじむように混ぜ合わせる。

3 冷蔵庫で１時間以上置く。

［もっと美味しく］

隠し味のナンプラーでアジア風に。好みでレモンを搾ればさっぱりと。そうめんと和えたり、スープに入れたり、何にでも使えますが、実は餃子(P116-117)と好相性！

これをアレンジ

ゆで鶏のパクチーがけ

むね肉なのに極上のしっとり感

材料（2人分）

パクチーのごま油漬け…大さじ２～３
鶏むね肉…１枚(250g)
塩…小さじ½
水…600mℓ～(鶏肉がかぶる程度)
酒…大さじ１

作り方

1 鶏肉の水分をよく拭き、塩を全体にまぶして３～４分置く。

2 鍋に1、水、酒を入れて強火にかける。沸騰したらアクを取って弱火にして、７～８分加熱する。火を止めて、粗熱が取れるまでそのまま置く。

3 2を薄切りにして、器に盛り、パクチーのごま油漬けをかける。鶏肉をゆでた汁はスープに使うと美味しい。

みょうがのごま油漬け

ごま油で漬けることでみょうが特有の風味がマイルドになり、角が取れて食べやすくなりました。冷奴や刺身、焼き魚にかけたり、納豆や大根おろしに混ぜたり、アレンジは無限大です。

材料（作りやすい分量）

みょうが…５個
ごま油…大さじ３
塩…小さじ⅓

作り方

1 みょうがは四つ割りにして、端から細かく切る。

2 保存瓶に１、ごま油、塩を入れ、全体をなじませる。

3 冷蔵庫で30分以上置く。

保存期間
冷蔵で１週間

これをアレンジ

みょうがのごま油そば　濃厚油そばをみょうがでさっぱりと

材料（1人分）

みょうがのごま油漬け…大さじ１〜２
中華麺…１玉
ごま油…大さじ½
オイスターソース…大さじ½
酢（あれば黒酢）…大さじ½
しょうゆ…小さじ１
削り節…ひとつまみ

作り方

1 中華麺を表示時間通りゆでる。

2 ゆでている間に器にごま油、オイスターソース、酢、しょうゆ、削り節を混ぜ合わせておく。

3 ゆであがった１を２に入れて、熱々のうちによく和える。

4 みょうがのごま油漬けと好みの具材（分量外／貝割れ大根、温泉卵、チャーシューなど）をのせて、混ぜながら食べる。

枝豆のピリ辛ガーリック

枝豆はフライパンで蒸すと豆の味が凝縮されて、濃くてホクホク！
プチンと弾ける美味しさは夏だけのお楽しみ。房ごとにんにく&ごま油をたっぷり絡めて。

保存期間
冷蔵で
3~4日

材料（作りやすい分量）

枝豆…200g
塩…小さじ1
ごま油…大さじ1
にんにく…1片
赤唐辛子(輪切り)…1本分
粗挽き黒こしょう…適量

作り方

1 こすり洗いをして産毛を取った枝豆をフライパンに入れ、塩をまぶしてから水100mℓ(分量外)を入れる。ふたをして強火にかけ、沸騰したら強めの中火にして4分30秒ほど加熱する。

2 ふたを外し、水分が飛ぶまで強火にかける。ザルにあげ、振って冷まして余熱が入るのを防ぐ。

3 同じフライパンにごま油とみじん切りにしたにんにくを入れ、弱火にかける。ふつふつしたら、赤唐辛子を入れる。

4 にんにくが薄いきつね色になったら一度火を止め、2を加えて再度弱火にかける。ごま油と枝豆をよく絡めながら、粗挽き黒こしょうを振る。

5 粗熱が取れたら、フライパンに残ったオイルごと保存容器に入れ、冷蔵庫で30分以上置く。

素朴な疑問を解決！

もっと知りたいごま油のこと

ごま油についてより深く探るべく、
1725年創業の老舗ごま油メーカー
『竹本油脂』に、その歴史から
ごま油の製造法まで
詳しく教えてもらいました。

大正時代の様子（濾過・静置の作業）

「マルホン胡麻油」でおなじみの『竹本油脂』は、享保10年（1725年）に創業。同社は江戸時代に、菜種や綿実の栽培が盛んな三河国（愛知県）で、明かりを灯すための搾油業を営んでいました。しかし、電気の普及と共に灯明油《とうみょうあぶら》は不要になったため、油の圧搾技術を用いたごま油の製造を大正時代から本格化させました。

近年、ごま油の市場は年々拡大しており、食用油の中でも特に成長が著しいといわれます。家庭用食用油のカテゴリーではキャノーラ油、オリーブオイルに次ぐ3番目に大きな市場となり、その要因としては、健康的な油としての認知や家庭での使用増加などが背景にあるようです。

近年のごま油は、圧搾製法をはじめ、化学溶剤を用いて効率よく油を抽出したり、海外産のごま油をブレンドしたり、さまざまな手法で製造されているといいます。

そうした中、伝統的な〝100％圧搾製法〟を守り続けている『竹本油脂』の広報担当はこう話します。

「ごまの中の油の割合は5割。圧力をかけて搾る〝圧搾製法〟だと、1粒から4割程度しか取れません。圧搾だとすべて油を取り切ることは難しいのですが、これこそごま本来のピュアな油。旨味とコクが強く、生のごまを噛み続けているような奥深い味わいがあります」

Q 白と茶色の違いは何？

「白いごま油はごまを焙煎せずに生のまま搾ったもので、香りがありません。一方、茶色のごま油はごまを焙煎してから搾っているので、特有の香りやコクがあります」(以下「」内、『竹本油脂』広報担当)。詳しい製造法の違いは次ページを。

Q 日本のごま油の原料はどこから来るの？

「現在、日本で1年間に収穫されるごまは100tほど。『竹本油脂』では1日に200t近くのごまを使用しているので、国内生産の原料だけでは1日分にもなりません。そのため、第三者機関による残留農薬の検査を行い、主にナイジェリアやタンザニアなどのアフリカの国々から、安全で高品質な原料を厳選して調達しています」

Q 茶色のごま油の色の違いって？

「ごま油の茶色の濃淡は、焙煎度合いによるもの。珈琲と同じで、焙煎するほど深煎りになり、色が濃くなっていきます。特に深煎りのごま油は力強い香りと濃厚な味わいが際立ちます。餃子やナムルなど、ごま油が主役の料理に最適ですよ」

Q 消費期限はどのくらい？長持ちさせるには？

「ごま油は酸化には強いのですが、美味しく味わうために、開封後、1〜2カ月を目安に使い切ることをおすすめしています。冷蔵庫に保管すると出し入れの際に結露が生じ、腐敗に繋がる可能性もあるので、開封後は常温で保存を。遮光瓶に移し替えたり、ホイルで包んだりするとさらに長持ちします」

Q 世界のごま油事情を教えて！

世界中で使われているごま油。韓国の市場では搾りたてを買えるので、お土産にする人も。「搾りたてのごま油はアクや雑味もありますが、それもまた旨味のひとつかもしれません。東南アジアでは、焙煎したごま油を使用する国が多いですね。一方エジプトでは、“クレオパトラが美容のために使用していた”といわれるほど古い歴史があるようです」

「圧搾」にこだわり！

マルホンの ごま油ができるまで

太白胡麻油の場合

ごまを生のまま搾っている、香りのしない無色透明なごま油。豊かなごまのコクとすっきりした後味が特徴で、香りがないため、どんな料理にも使える万能オイルです。

選別

現地でしっかり品質チェックされたごまを日本へ輸送し、国内の自社工場へ。厳重に選別して、ゴミや砂を取り除きます。

搾油

昔ながらの「圧搾製法」で、圧力だけで搾ります。ごまを焙煎せずに搾ることで、香りがなく透明な生搾りのごま油に仕上がります。

太香胡麻油の場合

一般的なごま油よりも穏やかな焙煎で、上品な香りとコクが特徴。他にもじっくり時間をかけて焙煎した力強い味わいの濃口などもあり、料理に合わせて使い分けできます。

選別

選別法は太白胡麻油と一緒。厳重な選別のうえ、ゴミや砂を取り除きます。ここで丁寧に選別することで、美味しいごま油になります。

焙煎

焙煎することで、ごま油特有の香ばしい香りと色が生まれます。焙煎の度合いによって、濃い味、さっぱり味など風味も変わります。

昔ながらの製法にこだわっている『竹本油脂』では、伝統的な“100%圧搾製法”を守り続けています。ごま油が私たちの手元にどのように届くのか、その製造工程を覗いてみましょう。

充填 ◀

できあがったごま油を容器に詰めます。クリーンルームで充填されたごま油は、厳しい検査を経て全国へと出荷されていきます。

濾過 ◀

不純物を取り除くため、約2週間かけてじっくりと濾過します。濾過と静置の作業は、丁寧に3回も繰り返しています。

精製 ◀

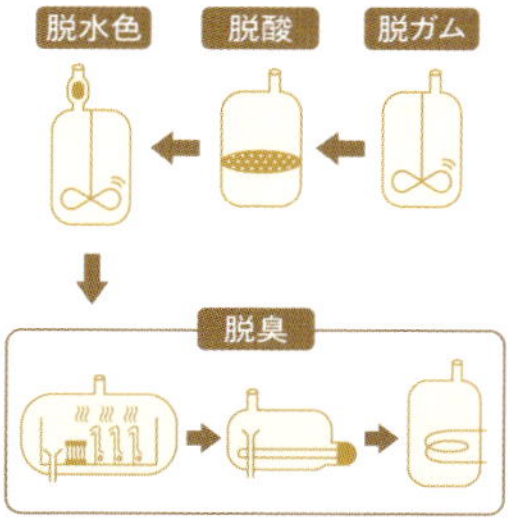

生搾り特有のアクやえぐみ、青臭さなどを取り除くため、脱色＆脱臭作業を行います。美味しさに磨きをかける重要な工程です。

充填 ◀

完成したごま油を容器に詰めます。清潔な環境下で充填されたごま油は、厳しい検査を経たうえで私たちの手元に届きます。

濾過 ◀

不純物をしっかりと取り除くため、太白ごま油と同様に約2週間かけて、濾過と静置を3回繰り返します。これでクリアなごま油に。

搾油 ◀

焙煎したごまを化学溶剤などは一切使わず、「圧搾製法」のみで搾ります。伝統的な製法だからこそ、最後まで美味しい一滴に。

取材協力／竹本油脂　https://www.gomaabura.jp/

漬ける

秋

夏から冬へと季節を繋いでくれる秋野菜は、
里芋、れんこん、ごぼうなど、
身体を温めてくれる根菜類が多いです。

水分が少なく、味が濃くて、甘味の強い
秋野菜は、ごま油で漬けるとしっとり。
スープに入れてもポカポカ温まります。
忘れてはいけないのが、旨味の詰まったきのこ。
食物繊維が豊富で、夏から冬に向けての
疲れた胃腸を優しく整えてくれます。
冬に備えて脂がのった魚も美味しい季節。
野菜に加えて、戻り鰹も漬けてみました。

エリンギの食べるラー油

保存期間
冷蔵で2週間

材料（作りやすい分量）

エリンギ…大2本
にんにく…2片
ごま油…50mℓ
米油…50mℓ
塩…少々
七味唐辛子…大さじ1〜
フライドオニオン…大さじ2
みそ…大さじ1

[もっと美味しく]

エリンギは加熱すると縮むので、食感が残るよう大きめにザクザク切って。韓国産唐辛子を使わず、みそや七味唐辛子など家庭にある調味料で手軽に作れるのも嬉しいポイント。

作り方

1 エリンギは7〜8㎜の角切りにする。

2 にんにくは芯を取り、粗めのみじん切りにする。

3 フライパンにごま油、米油、2を入れて弱火で熱し、にんにくの香りをじっくりと油に移す。にんにくがきつね色になったら1を入れて全体を混ぜ、塩を振って2〜3分煮る。

4 七味唐辛子を加えて1分ほど煮て、フライドオニオン、みそを加えてひと煮立ちさせる。

5 油ごと保存容器に入れ、粗熱が取れたら、冷蔵庫で30分以上置く。

見ているだけで
食欲が湧き立つ自家製ラー油は、
新米の季節に熱々のごはんに
たっぷりのせて味わいたい。
みそを使った和風味で、
辛そうな見た目とは裏腹、
まろやかなコクがあって食べやすく、
きのこの旨味もギュッと
凝縮されています。

「エリンギの食べるラー油」をアレンジ ❶

豆乳スープ

台湾の定番朝ごはん、シェントウジャン(鹹豆漿)風のスープは、
我が家ではパリッと焼いた油揚げを添えていただくことも。
ピリッと辛味を利かせた、身体が目覚める一杯です。

材料(2人分)

エリンギの食べるラー油
　…大さじ1～2
豆乳(成分無調整)…300mℓ
酢(あれば黒酢)…大さじ2
塩…小さじ½
細ねぎ…適量

作り方

1 耐熱容器に豆乳を入れ、ふんわりとラップをして、電子レンジで2分30秒加熱する。

2 温かいうちに酢と塩を入れ、お玉でゆっくりとろみがつくまで混ぜる。

3 器に盛り分け、エリンギの食べるラー油と小口切りにした細ねぎをトッピングする。

「エリンギの食べるラー油」をアレンジ ❷

エリンギ入り担々麺

担々麺にトッピングするたっぷりのひき肉は、食べるラー油と一緒に炒めれば味付けも簡単。鼻に抜ける刺激的な辛さがたまりません。

材料（2人分）

エリンギの食べるラー油
…大さじ3
にんにく…1片
しょうが…1片
ごま油…小さじ1
豚ひき肉…100g
こしょう…少々
水…600mℓ
オイスターソース…大さじ2
白練りごま…大さじ2
白すりごま…大さじ1
塩…小さじ½
砂糖…小さじ1
みそ…大さじ1
中華麺…2玉
チンゲン菜…1株

作り方

1 にんにくとしょうがはみじん切りにする。

2 鍋にごま油と1を入れて弱火で熱し、香りが立ったら、ひき肉を入れて中火で炒める。ひき肉によく火が通ったら、塩少々（分量外）とこしょうを振り、エリンギの食べるラー油を加えて炒め、一度取り出す。

3 2と同じ鍋に水、オイスターソース、白練りごま、白すりごま、塩、砂糖を入れ、沸騰したら中火にしてみそを溶き入れる。

4 中華麺は表示時間通りにゆでる。同じ湯でチンゲン菜を1分ほどゆで、ザルにあげて水気を切る。粗熱が取れたら、根元を縦に切って2等分する。

5 3にゆであがった中華麺を加えて軽く温め、2等分して器に盛る。2とチンゲン菜を半量ずつのせる。

保存期間
冷蔵で
4~5日

たたきごぼうのWごま漬け

いつもはパサつく
たたきごぼうが、こんなに
しっとりするなんて！
ごま油でコーティング
されているからジューシーで、
食材をやわらかくするごま油の
力に感動した逸品です。

材料（作りやすい分量）

ごぼう…1本(150g)
ごま油…大さじ1
白すりごま…大さじ2
きび砂糖…小さじ2
しょうゆ…小さじ2

作り方

1 ごぼうはよく洗い、包丁の背や麺棒で叩いてから、5㎝の長さに切る。縦半分～四つ割りくらいにする。

2 水500㎖(分量外)を沸騰させ、1、酢小さじ1(分量外)を入れて4分ほどゆでる。ザルにあげて水気を切り、粗熱が取れたら水気を拭く。

3 保存容器にごま油、白すりごま、きび砂糖、しょうゆを入れて混ぜ合わせ、2を加えて全体をなじませる。

4 冷蔵庫で1時間以上置く。

[もっと美味しく]

ごぼうの皮は削ぎすぎると風味がなくなるので、よく洗えばOK。色よく仕上げるため、酢水でゆでるとアクが抜け、土臭さが取れます。

これをアレンジ

ごぼうと梅干しの牛肉巻き

まさに至福の三重奏。梅干しの酸味、パリッとしたごぼうの食感がアクセントになり、それを牛肉が力強くまとめてくれます。味にメリハリが出る、酸っぱい梅干しでぜひ！

材料（2人分）

たたきごぼうのWごま漬け…½量（75g）
牛薄切り肉…４枚（150g）
梅干し…２個
塩…少々
こしょう…少々
ごま油…小さじ１

作り方

1 牛肉を広げ、たたきごぼうのWごま漬けを３本ほどのせ、その上に種を除いた梅干しを少量ずつのせて巻く。これを４本作り、巻いた牛肉の表面に塩、こしょうを振る。

2 フライパンにごま油を熱し、1を入れる。中火でコロコロ転がしながら焼き、全面に焼き色がついたらふたをして、中弱火で２分ほど焼く。

戻り鰹のごま油漬け

秋に旬を迎える、脂がのった濃厚な戻り鰹は、ごま油で焼き上げて香ばしいたたきに。さらにごま油を利かせた甘酢だれにじんわり漬け込みました。お好みで薬味をどっさりのせて召し上がれ。

保存期間
冷蔵で
2日

[もっと美味しく]

今回はごま油漬けにするので、鰹の塩締めは不要。鰹の水気をしっかり拭き取ってから焼くことで、魚特有の臭みを抑えます。初鰹やまぐろ、サーモンや鯛でも美味しく作れます。

材料（作りやすい分量）

戻り鰹(刺身用)
…1柵(250〜300g)
ごま油…小さじ½
白いりごま…適量
大葉…適量
白髪ねぎ…適量
[漬けだれ]
しょうが(千切り)
…2片分
ごま油…大さじ1
しょうゆ…大さじ1
酢…大さじ1
きび砂糖…小さじ1

作り方

1 鰹はペーパーに包んで、余分な水気や脂をしっかりと拭く。フライパンにごま油を熱し、鰹の表面全体に焼き色がつくまで強火で1〜2分焼く。粗熱が取れたら1cm幅に切る。

2 保存容器に［漬けだれ］の材料を入れて混ぜ合わせ、1を入れて全体をなじませる。

3 冷蔵庫で30分以上置く。食べる時に、白いりごま、大葉、白髪ねぎをトッピングする。

これをアレンジ

鰹のとろろ丼

ごま油でじっくり漬けた鰹に、たっぷりのとろろをのせてツルツルッと。
ネバネバとろろ&うずらの卵黄を絡めた栄養満点のどんぶりです。

材料（2人分）

戻り鰹のごま油漬け…½量
長芋…100g
うずらの卵黄…2個分
ごはん…2膳分

作り方

1 長芋は皮をむき、すりおろす。

2 器にごはん1膳分を盛り、戻り鰹のごま油漬けと1の半量、うずらの卵黄1個をのせ、漬け汁適量(分量外)を回しかける。同様にもう1人分作る。

ぎんなんのごま油漬け

ぎんなんは焼いたり揚げたりするだけでなく、実は漬けても美味。ごま油でコーティングされたぎんなんは、ツヤツヤに輝く宝石のよう。独特のほろ苦さをごま油がまろやかにしてくれます。

保存期間
冷蔵で 1週間

材料（作りやすい分量）

ぎんなん（殻付き）…30粒
ごま油…大さじ2
塩…小さじ¼　　粗挽き黒こしょう…適宜

作り方

1　ぎんなんは殻を割り、加熱して殻と薄皮をむく。（加熱法は下記参照）

2　保存容器に1、ごま油、塩を入れて混ぜ合わせる。

3　冷蔵庫で1時間以上置く。食べる時に、好みで粗挽き黒こしょうを振る。

［もっと美味しく］

封筒（B5サイズの角形8号がおすすめ）に、ぎんなんを15粒ほど入れて封を閉じ、電子レンジで30秒ほど加熱すると、ぎんなんが弾けて簡単に殻がむけます。缶詰やむいてある市販品を使ってもOKです。

れんこんのオイスターごま油漬け

れんこんは酢水でゆでると美しい白さをキープでき、凛とした仕上がりに。シャキシャキの食感も楽しんで。

保存期間
冷蔵で
2~3日

材料（作りやすい分量）

- れんこん…大1節（200g）
- 酢…小さじ2
- 塩…小さじ¼
- ごま油…小さじ2
- オイスターソース…小さじ½
- 赤唐辛子（輪切り）…1本分
- にんにく（すりおろし）…小さじ½
- 白いりごま…少量

作り方

1 れんこんは皮をむき、縦半分に切って薄い半月切りにする。3分ほど水にさらす。

2 沸騰した湯に酢と水気を切った1を入れ、1分ほどさっとゆでる。ザルにあげて粗熱を取り、水気を拭く。

3 ポリ袋に2、塩、ごま油、オイスターソース、赤唐辛子、にんにくを入れ、全体をよくなじませる。空気を抜き、ポリ袋の口を結ぶ。

4 冷蔵庫で30分以上置く。仕上げに白いりごまを振る。

里芋のごま油漬け

ねっとりと力強い里芋には、
こっくりしたごま油が実は相性抜群。
秋の夜長の晩酌のお供に、
日本酒と合わせるのも一興です。

保存期間
冷蔵で
4~5日

材料（作りやすい分量）

里芋…４個（200g）
ごま油…大さじ１
塩…小さじ¼

［もっと美味しく］

ごま油をまとった里芋はねっとりと濃厚で、食べ応えのある副菜になります。少量でも漬けやすい分量なので、里芋が余ったらレンチンしてパパッと漬けてしまいましょう。

作り方

1　里芋は１個ずつラップで包み、耐熱容器に並べ入れ、電子レンジで３分ほど加熱する。上下を返して、さらに１分30秒ほど加熱する。竹串などを刺して中まで火が通ったか確認する。里芋の大きさに合わせて加熱時間は調整を。粗熱が取れたら皮をむき、ひと口大に切る。

2　ポリ袋に１、ごま油、塩を入れ、優しくもんで全体をなじませる。空気を抜き、ポリ袋の口を結ぶ。

3　冷蔵庫で30分以上置く。

これをアレンジ

里芋の混ぜごはん

新米で味わいたい！　混ぜるだけでホクホク

材料（２人分）

里芋のごま油漬け…½量（100g）
ごはん…２膳分

作り方

熱々のごはんに里芋のごま油漬けを混ぜる。器に盛り、好みで白いりごまや刻みのりを振っても。

ねぎ塩エリンギ

エリンギのホクッとした食感は、帆立貝のよう。きのこ類は香りが立つまで触らず、強火で一気に焼き上げ、旨味をギュッと凝縮します。

保存期間
冷蔵で
4~5日

材料（作りやすい分量）

エリンギ…中３～４本(200g)
長ねぎ…⅓本　　ごま油(漬ける用)…大さじ１
塩…小さじ½　　ごま油(焼く用)…小さじ１

作り方

1 エリンギは繊維を断つように輪切りにする。かさの部分は縦に切る。

2 長ねぎはみじん切りにする。ボウルに入れ、塩、ごま油を混ぜ合わせる。

3 フライパンにごま油を熱し、断面を下にして1を並べ、強火で焼く。香りが立ったらひっくり返して焼き、表面にツヤが出たら火を止める。

4 3に2を加え、余熱でさっと炒めて混ぜ合わせる。

5 粗熱が取れたら保存容器に入れ、冷蔵庫で30分以上置く。

こんにゃくのコチュジャン漬け

こんにゃく1枚を丸ごと漬けたらプリプリッとした食感と、ピリリとした甘辛味がクセになる一品に。短時間で味が染みるように切り込みを細かく入れ、熱いうちに漬けましょう。

材料（作りやすい分量）

こんにゃく
…１枚(200g)
コチュジャン
…大さじ２
ごま油…大さじ１
砂糖…小さじ１
しょうゆ…小さじ１

作り方

1 こんにゃくの表面に深さ２〜３㎜の切り込みを５㎜間隔で斜めに入れる。ひっくり返して裏面にも同様に切り込みを入れる。

2 沸騰した湯に１を入れて３分ゆでる。ザルにあげて水気を切り、切り込みの水分までよく拭き取る。

3 コチュジャン、ごま油、砂糖、しょうゆを混ぜる。

4 保存容器の底に３の半量を塗り広げ、２を入れてたれがなじんだら、残りの３をかける。切り込みにもたれをしっかり塗り込む。

5 落としラップをし、粗熱が取れたら、冷蔵庫で２時間以上置く。食べる時に薄切りにする。

これをアレンジ

韓国風手巻きごはん　ごま油で味付けしたごはんにのせて

材料（2人分）

こんにゃくのコチュジャン漬け…８枚
ごはん…２膳分
ごま油…大さじ１
塩…小さじ¼
焼きのり…２枚

作り方

1 ごはんにごま油、塩を混ぜ合わせる。

2 焼きのりは¼枚に切って８枚にする。

3 ２の上に、１とこんにゃくのコチュジャン漬けを適量ずつのせ、巻いて食べる。

厚揚げのまるで焼き肉漬け

子どもの頃、家で焼き肉をする時に厚揚げを焼くのが好きでした。ごま油でカリッと焼いた厚揚げを焼き肉のたれで漬けたら、ごはんが進む懐かしい味に。

保存期間
冷蔵で
3日

材料（作りやすい分量）

厚揚げ…2枚(300g)
ごま油…小さじ2
焼き肉のたれ…大さじ5
水…大さじ2
糸唐辛子…適宜

作り方

1 厚揚げを7〜8㎜幅に切る。切った厚揚げを数枚ずつ重ね、断面に菜箸で5カ所ほど穴をあける。

2 フライパンにごま油を熱し、1をすべて並べて中火で焼く。焦げ目がついたらひっくり返し、断面がきつね色になるまで焼く。

3 厚揚げが焼けたら弱火にし、焼き肉のたれ大さじ2と同量の水を回しかけ、全体になじませる。

4 保存容器の底に焼き肉のたれ大さじ1を広げる。3の半量、焼き肉のたれ大さじ1の順に重ね、これをもう1度繰り返す。

5 冷蔵庫で15分以上置く。食べる時に、好みで糸唐辛子をのせる。

"ごま油漬け"誕生秘話
「ちょこっと漬け」のこと

本書を出版するきっかけとなった"ごま油漬け"。

「ごま油で何でも漬けてみる!」

その発想は、ある連載から始まりました。

そんな初めの一歩のお話です。


小学館のWebメディア『kufura《クフラ》』で、私が連載を始めたのは2019年。当時は今ほどWeb媒体で動画を公開するのが盛んではなく、編集部の人たちも手探りで動画を制作していました。まずは「短い動画でわかりやすく伝えたい」という希望から、余った野菜を少量で漬ける「ちょこっと漬け」をテーマにしたいと、私に声がかかったのです。

私の「ちょこっと漬け」のモットーは食材の旨味を活かし、アレンジまで楽しめるよう、調味料を最小限に抑えること。食材もシンプ

ルにして、一度見ただけですぐに覚えられるよう、調味料の分量も切りよくまとめました。初めはしょうゆ漬けにしたり、ピクルスにしたり、旬の野菜をとにかくいろいろ漬けました。何が読者の方々にヒットするのか模索しながら、みんなで夢中で作っていましたね。

そんな中、ある1本の動画がYouTubeで大ヒット！　それが、この書籍の表紙にもなっている「長ねぎのごま油漬け」です。潔く「ごま油と塩だけで美味しいよね！」という私たちの想いが届いた瞬間でした。現在も10万回以上再生され、愛され続けています。

こうした動画制作の経験をもとに、YouTubeで夫婦チャンネルも開設。「ちょこっと漬け」の連載は2024年に120回を迎えました。これからもみなさんに寄り添うレシピを届けていきたいです。

＼動画や記事も！／

kufura（クフラ）
【web】https://kufura.jp/
【YouTube】https://www.youtube.com/@kufura_jp

管理栄養士 沼津りえの「阿佐ヶ谷夫婦チャンネル」
【YouTube】https://www.youtube.com/@asagayafufu

第2章 和える

炊きたての熱々ごはんにごま油をさっと和えて、塩を振る。それだけで、もうおかわりが止まりません。ごま油の香りって胃袋をキュッと刺激します。

我が家ではここに刻んだハムやねぎ、炒り卵を混ぜ合わせて、通称「炒めないチャーハン」に。火を使わずにパパッと作れて、子どもたちに大好評！ 忙しい時は随分とごま油に助けてもらいました。

和えると言ったら、ナムルも忘れてはいけません。ごま油で先にコーティングしてから、味付けすることで、野菜の水分を出さずにシャキッとした食感をキープ。私の料理教室で大人気の作り方です。

パサつきやすいゆでた豚肉や、臭みの気になるレバーや砂肝だって、ごま油にお任せを。和えればしっとり、塩だけで無限に食べられる美味しさなんです。

炒めないチャーハン

まったく炒めていませんが、不思議なことにひと口食べると、
まさに〝チャーハン〟なんです。みなさんに紹介すると
「もう炒めなくていい！」と言ってリピートしてくれるので、
この名前になりました。うちの娘たちも大好きで、
何度も作っている私のお気に入りです。

材料（3～4人分）

卵… 2個
ロースハム… 3枚
細ねぎ… 3本
ごはん… 2合分
ごま油…大さじ2
塩…小さじ½
しょうゆ…小さじ2
粗挽き黒こしょう
…適量

［もっと美味しく］

炒り卵も電子レンジで作るので、本当に何も炒めません(笑)。ごま油でコーティングされたごはんは時間が経ってもパラパラのまま。おにぎりにして、お弁当にもおすすめです。

作り方

1 耐熱容器に卵を割りほぐし、塩少々(分量外)を振る。ふんわりとラップをして電子レンジで1分加熱し、一度取り出して混ぜ、さらに30秒加熱して炒り卵を作る。

2 ロースハムは粗めのみじん切りに、細ねぎは小口切りにする。

3 熱々のごはんにごま油、塩を混ぜ、**1**、**2**を入れてふんわりと混ぜる。仕上げにしょうゆを回しかけ、粗挽き黒こしょうを振ってひと混ぜする。

ゆで豚の香味野菜三種和え

淡白な豚しゃぶ肉をゆでて
和えるだけですが、
コクのあるごま油のおかげで
これだけで満足感が
出るから不思議。
香味野菜を
どっさり加えて、
食卓でさっと和えて
召し上がれ。

材料（2人分）

豚ロース肉
（しゃぶしゃぶ用）
…200g
大葉…5枚
みょうが…2個
長ねぎ…5㎝
ごま油…大さじ1
酢…大さじ1
しょうゆ
…大さじ1

［もっと美味しく］

余裕があれば、香味野菜は冷水にさらすとパリッとした仕上がりに。香味野菜はしょうがや細ねぎなど、その時あるものでOKです。

作り方

1 鍋に湯を沸かし、中弱火で豚肉をさっとゆでる。ザルにあげ、粗熱が取れたら水気を拭く。

2 大葉は千切り、みょうがは輪切り、長ねぎは薄い小口切りにする。

3 ごま油、酢、しょうゆを混ぜ合わせる。

4 器に1を盛り、2をのせ、3を回しかけて和える。

これをアレンジ

ゆで豚の生春巻き

生春巻きの皮で巻くだけで、粋なおつまみに。野菜も一緒にたっぷり巻いて、サラダ感覚でどうぞ。豚肉に味付けしてあるのでそのまま食べられますが、ナンプラーを添えてエスニック風にしてもいいですね。

材料（2本分）

ゆで豚の香味野菜三種和え
…1/3量(80g)
生春巻きの皮
… 2枚
リーフレタス
… 2枚
パクチー…適宜
レモン…適宜

作り方

1 生春巻きの皮を水適量(分量外)にさっとくぐらせる。

2 1にリーフレタス1枚をのせ、その上にゆで豚の香味野菜三種和えを半量のせて巻く。同様にもう1本作る。

3 食べやすい大きさに切って器に盛り、好みでパクチーとレモンを添える。

揚げ鶏のおろしごま油和え

大根おろしにごま油と塩を加えたら、辛味がまろやかな〝ごま油おろし〟が誕生！ さっぱりなのにコクがあり、しっとりなめらか。カラッと揚げた唐揚げにたっぷりのせたら、「もう1個！」とおかわりが止まりません。

材料（2人分）

鶏もも肉…大1枚(300g)
薄力粉…大さじ1
片栗粉…大さじ1
揚げ油…適量
大根…10㎝
ごま油…大さじ1
塩…小さじ⅓
七味唐辛子…適量
[下味]
　ごま油…小さじ2
　しょうゆ…小さじ2
　みりん…小さじ2
　にんにく(すりおろし)
　　…小さじ½
　しょうが(すりおろし)
　　…小さじ½

作り方

1. 鶏肉は余分な脂を取り、ひと口大に切る。[下味] の材料を混ぜた漬け汁を鶏肉に絡めて15分置く。
2. 薄力粉と片栗粉を合わせて、1にまぶし、180℃の油で火が通るまで4〜5分揚げる。
3. 大根は皮をむいてすりおろし、水切りしてからごま油、塩を混ぜる。
4. 器に2を盛り3をかけ、七味唐辛子を振る。

[もっと美味しく]

唐揚げの下味にもごま油を加えて、やわらかくジューシーに仕上げています。粉は少なめにしてカリッとヘルシーに。“ごま油おろし”は、焼き魚やお鍋とも相性抜群です。

これをアレンジ

みぞれ麻婆豆腐

ひき肉の代わりに唐揚げを刻んで、〝ごま油おろし〟ごと麻婆豆腐にアレンジ。優しい辛さで食べやすく、ごはんが進みます。

材料（2人分）

揚げ鶏のおろしごま油和え
…½量(200g)
木綿豆腐… 1丁(300g)
長ねぎ… 5㎝
オイスターソース…大さじ1
しょうゆ…小さじ1
片栗粉…小さじ1
水…100㎖
ごま油…小さじ1
豆板醤…小さじ½

作り方

1. 揚げ鶏のおろしごま油和えはざく切りにする。
2. 豆腐は2㎝角に、長ねぎはみじん切りにする。
3. オイスターソース、しょうゆ、片栗粉、水を混ぜ合わせておく。
4. フライパンにごま油を熱し、長ねぎ、豆板醤を入れて弱火で炒め、香りが立ったら1、3を入れて混ぜ合わせ、中火で煮る。ひと煮立ちしたら豆腐を入れ、とろみがつくまで煮る。

ほうれん草のナムル

ゆでたほうれん草をごま油でコーティングしてから味付けすると、余分な水分が出にくくなります。シャキッとハリのある状態をキープして味がキリッと決まります。

保存期間
冷蔵で
2~3日

材料（作りやすい分量）

ほうれん草…１束(200g)
ごま油…大さじ１
しょうゆ…小さじ１
白いりごま…大さじ１

作り方

1 ほうれん草は根元から縦半分に切り、隙間に入った土を洗い流す。

2 フライパンに湯を沸かし、塩小さじ１(分量外)を入れ、沸騰したら１の根元だけ先に入れてゆでる。30秒経ったら葉まですべて入れ、計１分ゆでる。

3 ゆであがったらザルにあげ、流水で冷やす。水気をしっかり絞り、食べやすい大きさに切る。

4 ポリ袋に3とごま油を入れ、なじませる。しょうゆ、白いりごまを加え、全体がなじむようにもむ。空気を抜き、ポリ袋の口を結ぶ。

5 冷蔵庫で30分以上置く。

これをアレンジ

ほうれん草と春雨のナンプラー和え

レモン＆ナンプラーでさっぱりエスニック風に

材料（2人分）

ほうれん草のナムル…¼量(50g)
春雨…30g
ロースハム…１枚
ナンプラー…小さじ２
レモン汁…小さじ½

作り方

1 春雨は熱湯に５分ほど浸けて戻し、ザルにあげて水気を切る。５～８㎝の長さに切る。

2 ボウルに１、ほうれん草のナムル、千切りにしたハム、ナンプラー、レモン汁を入れて混ぜ合わせる。

モロヘイヤのナムル

夏の暑い日にツルッと食べたい栄養満点の一品。ごま油の旨味を吸ったすりごまがしっとり絡み、Wのごまの風味で元気をもらえます。

保存期間
冷蔵で2~3日

材料（作りやすい分量）

モロヘイヤ…１袋(100g)
ごま油…大さじ１
しょうゆ…小さじ１
白すりごま…大さじ１

[もっと美味しく]

ナムルを作る時のポイントは、とにかくしっかり水分を絞ること。特にモロヘイヤは粘り気があるので、ペーパーで包んで絞ると手がネバネバしません。好みでにんにくやしょうがを加えてパンチを利かせても。

作り方

1 モロヘイヤは根元を⅓ほど切り落とし、茎は長さ２㎝に、葉はざく切りにする。

2 フライパンに湯を沸かし、塩小さじ１（分量外）を入れ、沸騰したら１の茎からゆでる。30秒経ったら葉を入れ、計１分ゆでる。

3 ゆであがったらザルにあげ、流水で冷やし、水気を切る。ペーパーに包んで絞る。

4 ポリ袋に３とごま油を入れ、なじませる。しょうゆ、白すりごまを加え、全体がなじむようにもむ。空気を抜き、ポリ袋の口を結ぶ。

5 冷蔵庫で30分以上置く。

これをアレンジ

ざく切りトマトのモロヘイヤ和え

好相性のトマトを加えて食べ応えアップ

材料（２人分）

モロヘイヤのナムル
…½量(50g)
トマト…小１個

作り方

1 トマトは２㎝角に切る。

2 ボウルに１とモロヘイヤのナムルを入れ、ざっくりと混ぜ合わせる。

レンチンなすの万能中華だれ

焼きなすを作るのは面倒でも、
これなら電子レンジで簡単！
パパッと作れるのに、
トロトロの食感で
きっと驚くはず。
万能中華だれを
たっぷり絡めれば、
秋のごちそうのできあがり。

材料（2人分）

なす…２本

[万能中華だれ]

細ねぎ…２本
酢…大さじ１
しょうゆ…大さじ１
ごま油…大さじ１
しょうが（すりおろし）
…小さじ½
にんにく（すりおろし）
…小さじ¼

[もっと美味しく]

なすはラップに包んであるので、そのまま冷水に浸けて色止めすると、鮮やかな紫色に仕上がります。皮をむく場合は、冷やしすぎるとむきにくいので粗熱が取れたら取り出して。ナンプラーとレモン汁、辛子じょうゆや酢じょうゆともよく合います。

作り方

1 なすはヘタを落とし、破裂しないようになすの先端を少し切り落とす。縦に４本切り込みを入れる。

2 １を１本ずつラップでふんわりと包み、耐熱皿に並べ、電子レンジで３分30秒加熱する。

3 熱いうちにラップごと水に浸け、粗熱が取れたら取り出す。食べやすい大きさに手で裂く。

4 ボウルに小口切りにした細ねぎ、酢、しょうゆ、ごま油、しょうが、にんにくを入れ、混ぜ合わせる。

5 器に３を盛り、４をかける。

これをアレンジ

トロトロなすペースト

クラッカーにのせて粋なおつまみに

材料（作りやすい分量）

レンチンなすの
万能中華だれ…½本分
白すりごま…小さじ１
クラッカー…適量

作り方

1 レンチンなすの万能中華だれを細かく刻み、包丁で叩く。白すりごまを混ぜ、好みでたれ適量（分量外）を加えて調整を。

2 クラッカーに１を少量ずつのせて食べる。

鶏レバーのごま油和え

もう何回作っているかわからないほど、家族みんなが大好きな我が家の定番です。レバーが苦手だった夫も、これでレバー好きになりました。レバーの下処理はパックからそのままドボンとゆでればＯＫという革命的な手軽さです。

保存期間
冷蔵で
3~4日

和える

材料（作りやすい分量）

鶏レバー…200g
ごま油…大さじ1
オイスターソース…小さじ1
塩…小さじ½
にんにく（すりおろし）
…小さじ¼
白いりごま…適量

［もっと美味しく］

レバーはゆでると血液が固まり、臭みと一緒に簡単に取ることができます。下ごしらえをしたレバーをオリーブオイルとにんにくで焼き、生クリームを混ぜながらブレンダーでなめらかにすると、絶品のレバーペーストに！　ワインのお供に最高です。

作り方

1　レバーを沸騰した湯で8～10分ゆでる。レバー全体が湯にしっかり浸かり、グラグラと沸騰した状態を保って加熱する。ゆで時間はレバーの大きさによって調整を。

2　ゆであがったら水に取り、汚れや余分な脂を洗う。ハツ（心臓）が付いている場合は切り離し、ハツの周りの薄皮は取り除く。水が濁ってきたら水を替え、再度残った汚れや脂をきれいに取る。

3　水気を切り、食べやすい大きさに切り分けながら、血液の塊を包丁の先で取り除く。

4　最後に水の中で軽く洗い、きれいな水に替えて1～2分浸ける。ペーパーの上に広げ、水気をしっかり拭く。

5　ボウルに4、ごま油、オイスターソース、塩、にんにくを入れてよく和え、白いりごまを振る。

4

1

砂肝のごま油和え

面倒な銀皮を取る作業は一切なし！
ただゆでるだけで臭みゼロの
やわらかい食感に仕上げます。
一度食べると虜になる人が続出の、
まさに〝無限砂肝〟。砂肝が苦手な人も
だまされたと思って試してみて。

保存期間
冷蔵で
3~4日

材料（作りやすい分量）

砂肝…200g
塩…小さじ½
ごま油…大さじ1～2
白いりごま…適量

作り方

1 沸騰した湯に砂肝がすべて浸かるようにして入れ、グラグラする火加減で12～13分ゆでる。

2 ゆであがったら水に取り、皮や脂を取り除く。1～2回水を替えながら汚れをきれいに落とす。

3 水気をしっかり拭き、薄切りにする。

4 ボウルに3、ごま油、塩、白いりごまを入れて和える。

［もっと美味しく］

銀皮は焼くと硬くなるので、通常は削ぎ落としますが、ゆでて下処理するとやわらかくなるので、実は無駄なく食べられます。オイスターソースやにんにく、バターしょうゆで炒めたり、塩焼きにしても美味。

我が家の ごま油ドレッシング

わざわざ市販の
ドレッシングを買わなくても、
家庭にある調味料があれば充分。
コクのあるごま油とパパッと
混ぜるだけで、
自家製ドレッシングの完成です。
ごま油はオリーブオイルほど
料理を選ばず、和洋中、
何にでも姿を変えてくれるうえ、
冷やしても固まらないのもいいところ。
旬の野菜はもちろん、
お肉や魚ともマッチする
6つの味をお届けします。

すぐに作れる6つの味

ドレッシングの酢と油の割合は「1：2」が基本。
これさえ覚えれば、大丈夫。あとは好みで甘味や酸味、
辛味を足して、自由にブレンドを楽しんでください。

（材料は、すべて作りやすい分量です。）

万能和風味で何にでも合う!

定番のごま油ドレッシング

ごまたっぷりの飽きない味

材料（冷蔵で3週間）

ごま油…大さじ4
酢…大さじ2
しょうゆ…大さじ2
きび砂糖…小さじ2
白いりごま…小さじ2

柚子こしょうごま油ドレッシング

柚子こしょうが
キリッと引き締め

刺身やはんぺん、うどんにも

材料（冷蔵で1～2週間）

ごま油…大さじ4
酢…大さじ2
柚子こしょう…小さじ1
塩…小さじ½

カルパッチョやマリネに最適

ごま油レモンドレッシング

甘酸っぱくてさわやか

材料（冷蔵で1～2週間）

ごま油…大さじ4
レモン汁…大さじ2
はちみつ…小さじ2
塩…小さじ½
粗挽き黒こしょう
…適量

練りごまラー油ドレッシング

甘さ控えめで濃厚

材料（冷蔵で3週間）

白練りごま…大さじ2
しょうゆ…大さじ1
酢…大さじ1
砂糖…大さじ1
ごま油…大さじ1½
ラー油…大さじ½

棒棒鶏《バンバンジー》や野菜ディップに

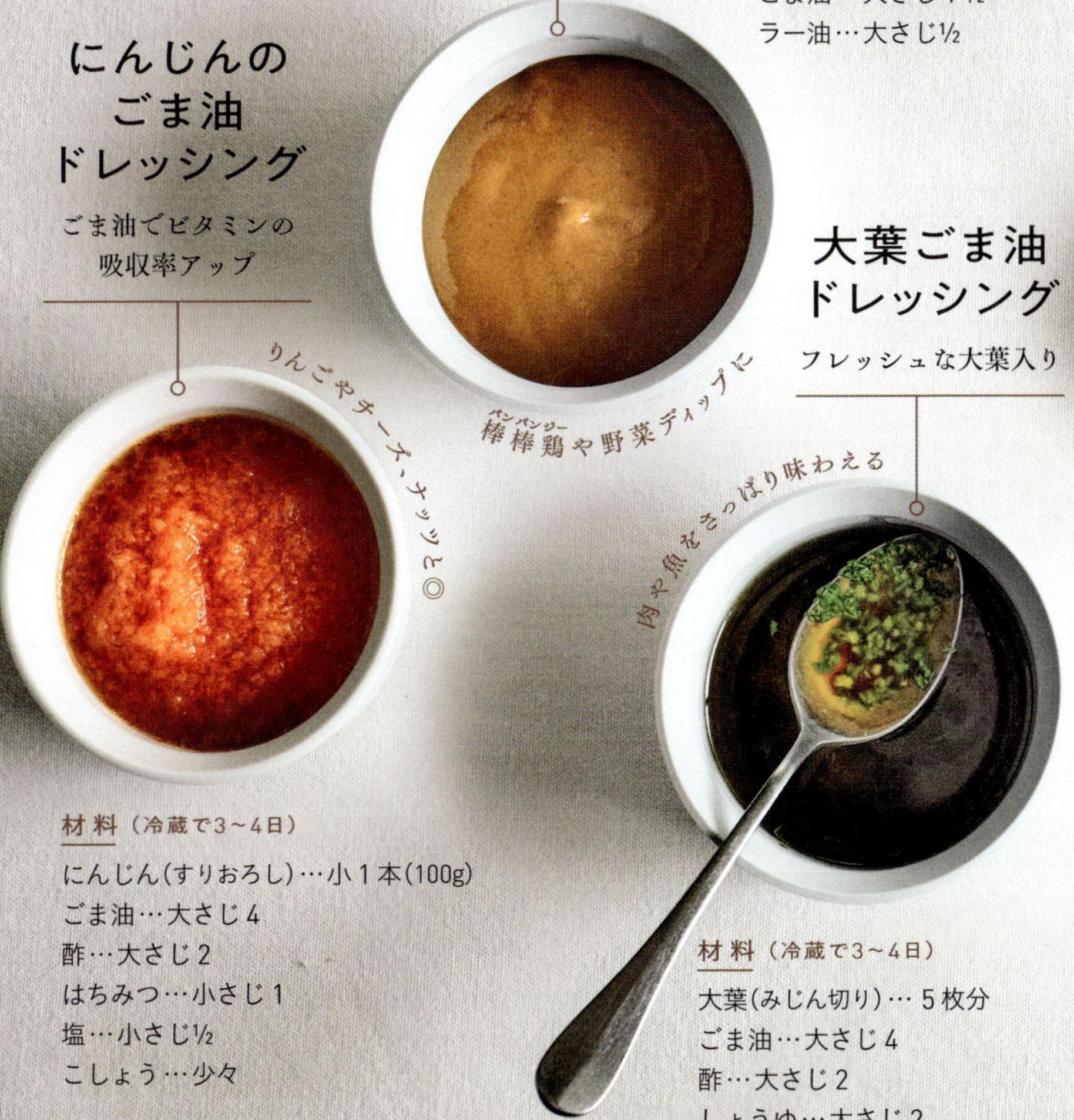

にんじんのごま油ドレッシング

ごま油でビタミンの吸収率アップ

りんごやチーズ、ナッツと◎

材料（冷蔵で3～4日）

にんじん（すりおろし）…小1本（100g）
ごま油…大さじ4
酢…大さじ2
はちみつ…小さじ1
塩…小さじ½
こしょう…少々

大葉ごま油ドレッシング

フレッシュな大葉入り

肉や魚をさっぱり味わえる

材料（冷蔵で3～4日）

大葉（みじん切り）…5枚分
ごま油…大さじ4
酢…大さじ2
しょうゆ…大さじ2
きび砂糖…大さじ½
しょうが（すりおろし）…小さじ1

第3章

活かす

中華料理のイメージが強いごま油ですが、実は和食にもぴったり。だって、もとは〝ごま〟なんですから、和食と合わないはずがありませんね。

だから、普段の家ごはんでも、もっともっとごま油を自由に活かしてみてください。我が家では、お鍋から豚汁、餃子まで、いつもの料理に幅広く使っています。少量加えるだけでコクと旨味がアップ。さらにごま油の風味を楽しみたい時は、料理の仕上げにひと回しすると、より一層、香りと風味が際立ちます。また、食材をやわらかくするのもごま油は得意。手頃なお肉をマリネすれば、しっとりジューシーになってワンランク上の味わいに。料理を選ばず、冷蔵庫に入れても固まらないので、使い勝手もいいですね。ごま油を活かせるようになれば、あなたもきっと「ごま油名人」です。

豚肉ときのこのごま油鍋

鍋の恋しい季節こそ、
ごま油の本領発揮！
ごま油はまさに魔法の調味料で、
鍋に入れると
だしにもなり、ポカポカと
保温効果もアップ。
豚肉ときのこの旨味が
じんわり染みたごま油鍋は、
滋味深い味わいです。

材料（2人分）

水菜…100g
えのきだけ… 1パック（100g）
しめじ… 1パック（100g）
しいたけ… 2個
豚バラ肉…200g
だし（かつおだし）…600mℓ
ごま油…大さじ3
塩…小さじ1
粗挽き黒こしょう…適宜

作り方

1 水菜は食べやすい大きさに切る。

2 えのきだけとしめじは石突きを取り、食べやすくほぐす。しいたけは石突きを取り、軸ごと縦半分に切る。

3 豚肉は食べやすい大きさに切る。

4 鍋にだし、ごま油、塩を入れて強火にかけ、沸騰したら中火にして、2を入れる。ひと煮立ちしたら、3を入れて火を通す。仕上げに1を入れ、好みで粗挽き黒こしょうを振る。

［もっと美味しく］

だしは食塩不使用のだしパックでも美味しいですが、自分でかつおだしをとれば、より旨味がアップ。沸騰した湯1ℓに削り節10〜15gを入れ、弱火で2分煮出し、火を止めて2分置いてザルで濾します。締めに細めの中華麺やそうめんを入れても、スープによく絡んで最高です！

これをアレンジ

ごま油鍋のお雑煮風 締めはごま油で焼いた餅をスープに浸して

材料（2人分）

豚肉ときのこのごま油鍋…適量
ごま油…適量　餅…2個

作り方

1 餅の両面に薄くごま油を塗り、魚焼きグリルなどで焦げ目がつくまで両面を焼く。

2 豚肉ときのこのごま油鍋を器に取り、1を入れ、スープを吸わせながら食べる。

ごま油マリネの牛ステーキ

ごま油×酢でマリネすると、
手頃な牛肉がグレードアップ！
グンとやわらかくジューシーになり、
さらにごま油で焼き上げると
香ばしい香りをまとって、
ワンランク上の味わいになります。

保存期間

冷蔵で 3~4日 〈焼く前〉

冷凍で 3週間 〈焼く前〉

材料（2人分）

牛ステーキ肉…2枚
（300g／1cm程度の厚み）
ごま油（漬ける用）…大さじ2
塩…小さじ½
酢…小さじ2
ごま油（焼く用）…小さじ1
粗挽き黒こしょう…適量

作り方

1 保存容器にごま油、塩、酢を混ぜ合わせ、牛肉を入れて全体をなじませる。そのまま常温で15分置く。

2 フライパンにごま油を熱し、軽く漬け汁を拭いた1を入れ、粗挽き黒こしょうを振る。強火で1分焼いたらひっくり返し、粗挽き黒こしょうを振って反対側も1分焼く。

［もっと美味しく］

冷蔵・冷凍する場合は、肉と調味料をポリ袋に入れてよくもみ、漏れないようにバットなどにのせ、そのまま冷蔵・冷凍庫へ。ステーキ肉を焼く時は、常温に戻して「1cmの厚みで片面1分ずつ」と覚えて。これで失敗せずに焼けますよ！

1

2

2

「ごま油マリネの牛ステーキ」をアレンジ ❶

青《チン》椒《ジャオ》肉《ロー》絲《スー》

いつもの青椒肉絲をステーキ肉で贅沢に格上げ。牛肉にしっかり下味がついているので、本格的な味に仕上がり、食べ応えも満点です。

材料（2人分）

ごま油マリネの牛ステーキ
（焼く前）… 1枚分
ピーマン… 3個
ゆでたけのこ…50g
水…大さじ1
片栗粉…小さじ½
オイスターソース…小さじ1
しょうゆ…小さじ1
みりん…小さじ1
ごま油…小さじ1

作り方

1 焼く前のごま油マリネの牛ステーキ、ピーマン、たけのこは5㎜幅の細切りにする。

2 水、片栗粉、オイスターソース、しょうゆ、みりんを混ぜ合わせておく。

3 フライパンにごま油を熱し、牛肉を中火で炒める。肉の色が変わったらピーマンとたけのこを入れて炒める。野菜に火が通ったら、2を回しかけ、全体に絡めながらツヤが出るまで炒める。

「ごま油マリネの牛ステーキ」をアレンジ ❷

ステーキサンド

最近流行りのステーキサンドは、マスタードをたっぷり塗るのが私流。
肉と野菜を豪快に挟んだら、大きな口で頬張って！

材料（1人分）

ごま油マリネの牛ステーキ
…１枚
食パン（６枚切り）…２枚
フレンチマスタード…適量
リーフレタス…適量

作り方

1. 食パンは軽くトーストして、片面にそれぞれマスタードを塗る。
2. マスタードを塗った面を内側にして食パン、リーフレタス、半分に切ったごま油マリネの牛ステーキ、食パンの順に重ねてギュッと挟む。

極上豚汁

家族から「また作って！」
とリクエストされる豚汁は
我が家のごちそう。
美味しさの秘訣は、
とにかくごま油で
炒めて炒めて炒めて…
野菜と豚肉の旨味を
存分に引き出すこと。
野菜の甘味がたっぷり
溶け出ているので、
みそが少なくて済むうえ
だしも不要です。

材料（作りやすい分量）

大根… 5㎝
にんじん…⅓本
しいたけ… 2個
厚揚げ… 1枚(150g)
こんにゃく… 1枚
ごぼう…½本
長ねぎ… 1本
里芋… 2個
豚バラブロック肉
…200g
ごま油…小さじ1
水…800㎖
みそ…大さじ3程度
七味唐辛子…適宜

[もっと美味しく]

炒める時間は長めですが、野菜の旨味をしっかり引き出せるので、煮込む時間はグンと短く。これでいつもの豚汁が極上の一杯になります。じっくり炒めるため、豚肉はブロック肉を使うと崩れにくいのでおすすめ。

作り方

1 大根とにんじんは7〜8㎜幅のいちょう切りにする。しいたけは石突きを取って、軸は細かく切り、傘は薄切りにする。厚揚げとこんにゃくは横半分に切ってから5㎜幅に、ごぼうは縦半分に切ってから斜め薄切りにする。長ねぎは仕上げ用に白い部分と青い部分を少量ずつ小口切りにしてから、残った分は縦半分に切ってざく切りにする。里芋は皮をむいて食べやすい大きさに切る。

2 豚肉は7〜8㎜幅に切り、半分〜3等分にする。

3 鍋を中強火で熱し、温まったら火を弱めてごま油を入れる。全体になじんだら2を入れ、すぐに触らず、豚肉が白っぽくなってから炒める。

4 長ねぎを入れて炒め、甘い香りがしてきたら、厚揚げ以外の材料を入れ、全体がなじむまでよく炒める。少しずらしてふたをして弱火で7〜8分加熱する。

5 全体を混ぜ、再度少しずらしてふたをして7〜8分加熱する。最後に厚揚げを加えて混ぜ、ふたをしっかり閉めて7〜8分蒸し焼きにする。

6 水を加えて沸騰したらアクを取り、火を弱めてみそを溶かし、3〜4分煮る。

7 器に盛り、長ねぎをのせ、好みで七味唐辛子を振る。

にんじんしりしり

にんじんと卵さえあれば、
立派なおかずになる
お助けメニュー。
ごま油をたっぷり利かせ、
甘い香りが立つまで
じっくり炒めて、
にんじんの甘味と旨味を
最大限まで引き出します。

活かす

材料（2人分）

にんじん…大1本(200g)
ごま油…小さじ2
塩…少量
卵…1個
きび砂糖…小さじ½
しょうゆ…小さじ½

[もっと美味しく]

にんじんの繊維を断つように切ると、甘味がグンと出やすくなります。炒める時は塩を少量振り、触りすぎないのがポイント。混ぜ続けるとフライパンの温度が下がって十分に甘味を引き出せず、焼きムラもできてしまいます。

作り方

1　にんじんは斜め薄切りにして並べ、端からやや太めの千切りにする。

2　フライパンにごま油を熱し、1を入れ、塩を振って全体をなじませ、中火で1分ほど置く。水分が出て香りが立ったら、触らず1分おきに混ぜながら3～4分じっくり炒める。にんじんがしんなりしたら一度火を止める。

3　卵に塩少々(分量外)を入れて溶く。にんじんをドーナツ状に広げて、フライパンの中央を空ける。中火にかけ、中央に卵を流し入れ、軽く混ぜる。卵が固まってきたら、にんじんと混ぜ合わせる。

4　きび砂糖を加えて全体を炒め、しょうゆを鍋肌から回し入れ、さっと炒め合わせる。

3

無限餃子

私の餃子は、肉というより
野菜が主役。
刻んだ野菜に調味料を
入れて味付けしたら、
そのまま5～10分置いて、
野菜の甘味と旨味が
詰まったエキスをひき肉に
たっぷり吸わせます。
これで感動するほど
ジューシーに！

保存期間
冷凍で
2~3
週間
〈焼く前〉

活かす

材料（30～40個分）

キャベツ…200g
ニラ…½束
塩…小さじ½
こしょう…少量
しょうゆ…小さじ１
ごま油（味付け用）…大さじ２
オイスターソース…大さじ２
豚ひき肉…200g
餃子の皮…30～40枚
ごま油（焼く用）…適量
水…100mℓ

［もっと美味しく］

「水100mℓで７分加熱」が餃子を焼く時の黄金比。これさえ守れば焼き名人になれますよ。にんにくは不使用、肉のギトギト感もないから全然もたれない！　さっぱりと何個でも食べられる、野菜を味わう餃子です。

作り方

1　キャベツとニラはみじん切りにする。

2　ボウルに**1**、塩、こしょう、しょうゆ、ごま油、オイスターソースを入れ、よく混ぜ合わせて５～10分置く。

3　野菜の水分がたっぷり出たらひき肉を入れ、野菜の水分をひき肉に吸わせるようにしながら粘りが出るまで混ぜる。

4　餃子の皮１枚にスプーン１杯分の**3**をのせ、皮の下半分のふちに水適量（分量外）を塗る。皮を半分に折りたたみながら、皮の上部の中央を重ねて指で押さえ、右からひだを２つ作る。同様に左からもひだを２つ作り、キュッと押さえて形を整える。

5　火をつける前に、フライパンにごま油を入れ、**4**を２列に並べる。中火にかけ、プチプチ音がしてきたら水を入れ、ふたをして中弱火で７分ほど焼く。ふたを開け、強火にして残った水分を飛ばす。

大葉みそ

大葉がさわやかに香る
甘じょっぱいみそは、
我が家のごはん泥棒。
家族から「おかわり！」の
声があがります。
隠し味にごま油を加えて、
ツヤよく仕上げました。

保存期間
冷蔵で2週間

材料（作りやすい分量）

大葉…20枚
みそ…大さじ4
みりん…大さじ2
砂糖…大さじ½〜
ごま油…小さじ1

作り方

1 大葉は茎を切り落とし、重ねて丸めて、千切りにする。さらに端から刻んで細かいみじん切りにする。

2 小さめのフライパンにみそ、みりん、砂糖、ごま油を入れ、全体をなじませる。弱火にかけ、ふつふつしてきたら1〜2分混ぜながら加熱する。

3 ツヤが出て、もったりしてきたら1を入れてよくなじませ、焦げないように1分ほど混ぜる。

4 保存瓶に入れ、粗熱が取れたら、冷蔵庫で1時間以上置く。

［もっと美味しく］

みりんだけだと水っぽく、砂糖だけだと水分が足りないので、バランスよく両方使います。みそによって塩分が違うので、砂糖の量は好みで調整してください。

これをアレンジ

大葉みその白和え

厚揚げを使って水切り不要のカンタン白和えに

材料（2人分）

大葉みそ…小さじ2
厚揚げ…１枚(150g)
白すりごま…大さじ1

作り方

1 ボウルに厚揚げを入れ、手で粗く潰す。

2 1に大葉みそ、白すりごまを入れて混ぜ合わせる。好みで枝豆、コーン、ほうれん草などを加えても美味しい。

万能なすみそ

ごはんのお供はもちろん、炒め物に加えると一発で味が決まるので、調味料代わりに使えて便利です。

保存期間
冷蔵で
5~6日

材料（作りやすい分量）

なす…２本
塩…少量
にんにく…１片
ごま油…小さじ２
きび砂糖…大さじ１
みそ…大さじ２

［もっと美味しく］

肉100gに対して、なすみそ大さじ２～３を目安にキャベツなどの野菜と炒めれば、簡単にごはんが進むおかずになります。

作り方

1 なすはヘタを取り、７～８㎜の角切りにする。

2 ペーパーを敷いたバットに**1**をのせ、塩を振って３～４分置き、余分な水分を拭き取る。

3 にんにくは芯を取り、みじん切りにする。

4 フライパンにごま油と**3**を入れ、弱火でじっくりとにんにくの香りをごま油に移す。

5 にんにくがきつね色になったら**2**を入れ、中火で炒める。透明感が出たら、きび砂糖とみそを入れて全体をなじませる。

6 保存容器に入れ、粗熱が取れたら、冷蔵庫で30分以上置く。

これをアレンジ

なすみそ豆腐グラタン

豆腐を使って手軽な和風グラタンに

材料（2~3人分）

万能なすみそ
…大さじ４
しいたけ…２個
長ねぎ…¼本
木綿豆腐…１丁(300g)
みそ…小さじ１
ピザ用チーズ…50g

作り方

1 しいたけは石突きを取って薄切りに、長ねぎは斜め薄切りにする。豆腐はペーパー(電子レンジ可のもの)に包んで耐熱容器に入れ、電子レンジで３分加熱してよく水切りする。

2 ボウルに豆腐とみそを入れ、泡立て器でなめらかにする。

3 **2**に万能なすみそ、しいたけ、長ねぎを混ぜ合わせる。

4 耐熱容器に**3**を入れ、チーズをかけ、トースターで13分焼く。

にんにくみそ

スタミナ満点の濃厚なみそは、
にんにく好きには
たまらない危険な味わい。
ごま油ににんにくの
旨味をじっくり吸わせて。

保存期間
冷蔵で
10日

材料（作りやすい分量）

にんにく…3片
ごま油…大さじ1
きび砂糖…大さじ2
みそ…大さじ3

［もっと美味しく］

水分を入れていないので冷やすと硬くなります。なめらかなみそにしたい場合は、炒める時に水大さじ1を足して好みの硬さに調整を。

作り方

1 にんにくは芯を取り、みじん切りにする。

2 フライパンにごま油と1を入れ、弱火でじっくりにんにくの香りをごま油に移す。

3 にんにくがきつね色になったら、きび砂糖とみそを入れ、全体をなじませる。きび砂糖が溶けてみそとなじんだら、仕上げに30秒ほど加熱する。

4 保存容器に入れ、粗熱が取れたら、冷蔵庫で30分以上置く。

これをアレンジ

焼きおにぎり2種　ごはんに塗って香ばしい焼きおにぎりに

材料（2個分）

おにぎり…2個

［和風］
にんにくみそ
…小さじ1
白いりごま…小さじ½

［洋風］
にんにくみそ
…小さじ1
粉チーズ…小さじ½

作り方

1 にんにくみそに和風と洋風のそれぞれの具材を混ぜ合わせる。

2 おにぎりの片面に1をそれぞれ塗り、トースターで焦げ目がつくまでこんがり焼く。

RIE'S NOTE 6

パンやお菓子にも！ 白いごま油のはなし

本書ではごま油特有の風味を活かすべく、焙煎ごま油のレシピが中心ですが、やっぱり〝白いごま油〟も気になるところ。料理のプロたちが愛用する理由とは？

料理上手な人のキッチンには白いごま油がある、と言っても過言ではないほど、白いごま油は多くの料理家たちに愛されています。

最近では、白いごま油は「太白《たいはく》」と呼ぶのが一般的になりつつありますが、実はこれは「マルホン胡麻油」を製造する『竹本油脂』の登録商標。同社は大正時代に料理人の要望に応え、ごま油としては異色の〝白いごま油〟を商品化しました。「太白」とは古代中国の金星の呼び名で、「他よりも秀でている」という自信と「輝く金星」にちなんで名付けたそうです。

「太白胡麻油は他の食材とスッと調和して、料

理の味を邪魔しません。すっきり軽やかなのに、ごま油本来の力強さもある。そのバランスの良さが、料理人の方々が表現したい味のお手伝いをしているようです。油は料理の骨格を成すもの。ぜひ、塩やみそのように、味の決め手として選んでいただけたら嬉しいです」（同社・広報担当）

また、本書の著者である沼津りえさんは、白いごま油をパンやお菓子作りにも愛用していると話してくれました。

「パンやお菓子作りでは、パサつきを防ぐために油やバターを使いますが、太白胡麻油を使うとサラッとくどくなく仕上がります。特に必ず使用するのがシフォンケーキ。しっとりなめらかなふわふわの生地に仕上がり、香りはないけどコクが出るんです。クレープの生地やクッキーにもおすすめです」（沼津さん）

ごま油料理に欠かせない 台所の道具たち

美味しい料理へと導いてくれる道具たちは、私の相棒。本書では漬けたり、和えたりする料理が多いので、そんな時に大活躍してくれるものばかりを選びました。保存容器は透明なものを使うことで、食べ忘れを防げます。

1

2

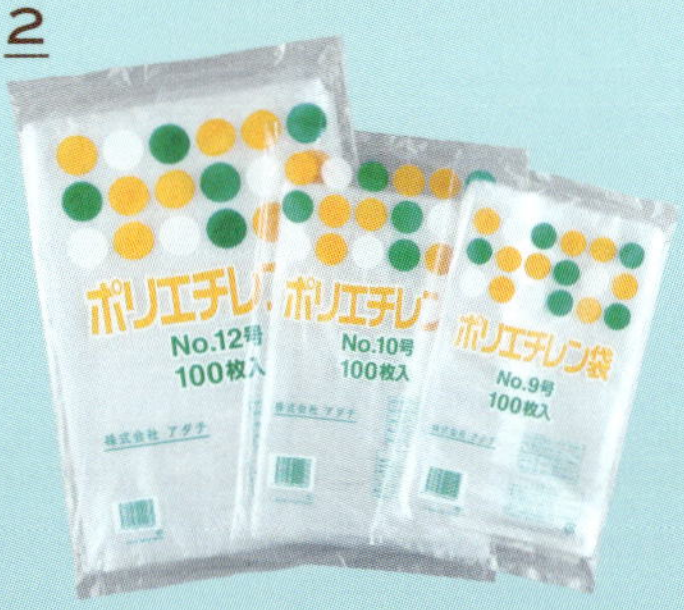

3

4

1

ガラス製なのに コスパ抜群！

保存容器はニオイや色移りしにくい、透明感のあるガラス製が好き。『KEYUCA』は手頃な価格で機能性もよく、指名買いしています。

ガロックⅡ 保存容器 630mℓ、1,040mℓ／KEYUCA

2

業務スーパーで発見！ 丈夫な頼れるポリ袋

“ごま油漬け”を作る時に大活躍するのがこのポリ袋。0.025㎜と厚みがあって丈夫で破れにくいから、しっかり調味料をもみ込めます。

ポリエチレン袋 9号、10号、12号／アダチ

3

絶妙なカーブの 長年愛用するスパチュラ

シリコン製で柄とヘラが一体化。丈夫で洗いやすく、絶妙なカーブがボウルにフィット。厚みもちょうどよくてきれいにすくえます。

viv スパチュラ、ミニスパチュラ／ワールド・クリエイト

4

冷蔵庫でちょこっと 保存に便利なサイズ

少量を保存したり、漬けたりするのに便利な大きさで、中が見えて分かりやすいのも◎。スタッキングでき、省スペースで使えます。

右）Hozos 耐熱ガラスキャニスター 380mℓ
左）kuus ガラスボトル 保存容器 350mℓ／共にKEYUCA

7
セラミック製で快適なすり心地

合羽橋で買ったすりおろし器は裏側にシリコンが貼ってあるので滑りにくく、セラミック製で切れ味も抜群。さっと洗えて、お手入れしやすいところも気に入っています。

6
バットにも保存にも大活躍のホーロー

浅型はステーキを漬けたり、パン粉をつけたり、バットとしても活躍。汁気の多いものは深型で保存を。計算された大きさで気持ちよく使えます。

上)レクタングル深型 M シール蓋付
下)レクタングル浅型 M／
共に野田琺瑯

5
フランスで出逢った運命のサーバー

25年前、初めてフランスを訪れた時に、このサーバーにひとめぼれしました。料理を志した初心を思い出させてくれる、今も私の手にしっくりとなじむ相棒です。

おわりに

撮影が終わって感動したのが、こんなにもごま油尽くしなのに、「もたれない、飽きない」を実感できたこと。「こんなにヘルシーなごま油料理があったなんて！」と、スタッフのみなさんも驚いてくれました。

普段の家ごはんの役に立ちたい。そう思って料理のアイディアを日々めぐらせていますが、家事や育児は毎日続いていくもの。そのためには、手軽にできて、「また作って！」と、家族に喜んでもらえる料理でないと〝家ごはん〟は続きません。

だからこそ、シンプルにこだわりました。その扉を開けてくれたのは、やっぱり「長ねぎのごま油漬け」。〝塩とごま油〟の直球勝負がしたくて、最初は「こんなに簡単でいいのだろうか…」と、受け入れてもらえるか不安でしたが、YouTubeで多くの方々に見て

いただいて、「〝シンプルに越したことはない〟という思いは、みんな一緒なんだな。カッコつける必要はないんだ」と、肩の荷が下りたのもこのレシピです。私の料理は、ここからどんどんシンプルになりました。

まずは素材の持つ旨味を信じること。そして、旨味を引き出すのは実は簡単なこと。ちょっとした順番やコツさえ覚えれば、どんな料理も美味しくなります。

背伸びなんてしなくていい。いつも家にあるような食材と調味料で、毎日の料理をラクに、簡単に、楽しんでほしい。ごま油は、その手助けをきっとしてくれるはずです。

沼津りえ

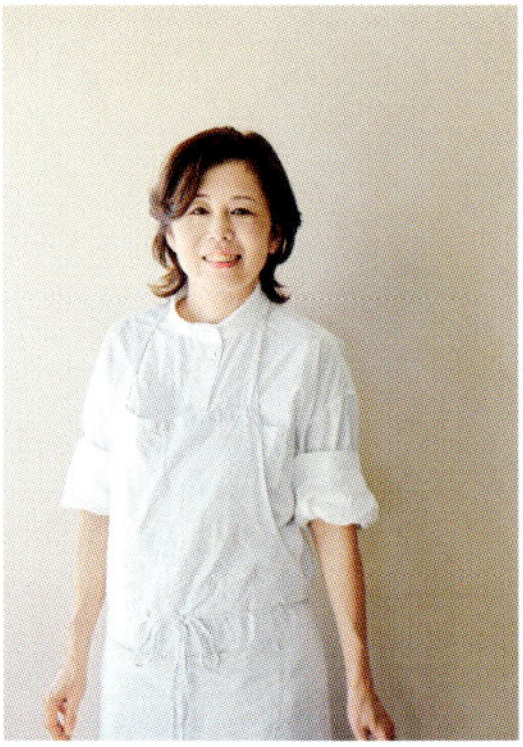

著者 **沼津りえ**

料理研究家、管理栄養士、調理師。料理教室『cook会』主宰。バラエティー豊かなレッスン内容が好評で、東京・阿佐ヶ谷を中心に数多くの料理教室を開催。毎年、梅漬けの教室はリピーターが多く大人気に。手軽でシンプルなアイディアあふれるレシピに定評があり、雑誌などのメディアでも活躍。著書に『米粉があれば！ パンもおかずもおやつも極上』（主婦の友社）、『からだとこころがととのう滋養菓子』（日東書院本社）など多数。

ごま油さえあれば

さっぱりもコク旨も、いつもの家ごはん98

発行日　2025年1月21日　初版第1刷発行

発行所　株式会社小学館
〒101-8001
東京都千代田区一ツ橋2-3-1
電話　03-3230-5399（編集）
03-5281-3555（販売）
発行人　村上孝雄
印刷所　TOPPAN株式会社
製本所　株式会社若林製本工場

ISBN　978-4-09-311582-7

STAFF
- デザイン
細山田光宣、木寺 梓（細山田デザイン事務所）
- 撮影
宮濱祐美子
（カバー、p1〜21、p31〜41、p46〜49、p68〜77、p84〜93、p101〜111、p122〜123、p125、p127〜128）、菅井淳子、黒石あみ（小学館）
- スタイリング
久保田朋子
（カバー、p1〜21、p31〜35、p46〜49、p68〜73、p84〜89、p101、p104〜107、p122〜123、p127）、沼津そうる
- 編集
岸 綾香
山梨 愛、佐藤明美・加藤友佳子（小学館）
- 「kufura」掲載時スタッフ（動画）
古山大輔、櫻庭健次（株式会社MERY）
- 制作・髙橋佑輔、販売・津山晃子、宣伝・秋山 優
- DTP・横村 葵